GYMNASTIQUE ÉQUESTRE.

MÉTHODE PROGRESSIVE

APPLICABLE

AU DRESSAGE DU CHEVAL DE TROUPE,

D'OFFICIER ET D'AMATEUR.

GYMNASTIQUE ÉQUESTRE.

MÉTHODE PROGRESSIVE

APPLICABLE

AU DRESSAGE DU CHEVAL DE TROUPE,

D'OFFICIER ET D'AMATEUR

SUIVIE

D'UN ESSAI SUR

L'ESCRIME DU SABRE,

Par M. M.-F. DUTILH,

CAPITAINE INSTRUCTEUR AU 1er DRAGONS, CHEVALIER DE L'ORDRE DE L'EPEE
DE SUÈDE, EX-CAPITAINE ECUYER A L'ECOLE IMPERIALE DE CAVALERIE.

TOUL,

IMPRIMERIE D'A. BASTIEN, RUE DU SALVATEUR, 12.

1864.

AVERTISSEMENT.

Les difficultés d'un ouvrage élémentaire dans une science quelconque ont été signalées depuis trop longtemps par les hommes compétents, pour que nous ne puissions douter un instant de l'ingratitude de la tâche que nous entreprenons aujourd'hui.

Notre intention n'est point de développer ici des principes d'équitation : ce sujet est épuisé. — La vie d'un homme suffirait à peine à lire attentivement les ouvrages nombreux qui ont traité de l'art de monter et de dresser les chevaux.

De nos jours particulièrement, les règles, les principes, le pourquoi et le comment des effets et des causes ont été, dans toute leur extension, discutés et débattus théoriquement par d'habiles écuyers. On peut néanmoins considérer comme une véritable lacune, l'éloignement presque systématique dans lequel on est resté des applications réellement pratiques.

Selon nous, un ouvrage d'équitation destiné à la cavalerie, devrait débuter par le programme d'un travail préparatoire d'hygiène et de pure éducation, que l'on nommerait gymnastique équestre ou entraînement progressif. Ce travail aurait pour but de transformer le jeune cheval de remonte, mou et flasque dès qu'il a fait parade de l'énergie factice qu'il doit à l'artifice de l'éleveur, en un animal sain, robuste, apte seulement alors à recevoir avec fruit les leçons du dressage, et susceptible d'entrer en campagne aussitôt que son instruction serait terminée.

Si nous examinons, en effet, un jeune cheval à son arrivée au régiment, nous sommes frappés généralement de son état d'embonpoint, qui est loin d'être une preuve de santé, et d'une surexcitation nerveuse, résultat des pratiques du maquignonnage, donnant à ses mouvemens et à ses allures un brillant trompeur et de courte durée.

Ce même cheval monté nous oppose une raideur qui est un obstacle à nos moyens d'action, et une résistance craintive qui n'est, à vrai dire, le plus souvent, que le fait de la nouveauté pour lui, soit des choses qui l'environnent, soit de nos faits et gestes, soit enfin des objets du harnachement qu'il porte pour la première fois.

Dès que son éducation première ou plutôt son apprivoisement, si je puis m'exprimer ainsi, est terminé, son énergie factice et sa raideur disparaissent rapidement. C'est alors qu'il se montre ce qu'il est réellement, c'est-à-dire sans énergie, sans force réelle, sans haleine, et n'opposant plus au cavalier que l'inertie de sa masse et une mollesse d'allure que l'avoine et un travail progressif peuvent seuls faire disparaître.

Dans ces conditions, l'application des moyens d'assouplissement, préconisés par les diverses méthodes, nous semble intempestive : que se propose-t-on en effet par ces assouplissements? De faire acquérir au cheval une légèreté et une souplesse qui ne peuvent exister, selon nous, que là où est la force et l'énergie musculaires.

L'anatomie comparée nous fait voir la parfaite similitude qui existe entre l'organisation du cheval et celle de l'homme ; ce que la physiologie nous enseigne pour l'un n'est point démenti pour l'autre, et chez les deux l'appareil nerveux également complexe affecte une disposition analogue. Comment ne pas admettre alors que les épreuves physiques auxquelles se soumet l'homme, pour développer en lui la force, l'agilité et la souplesse qui le rendent apte à tout entreprendre, ne puissent par analogie s'appliquer au cheval, en tenant compte toutefois de la différence des structures, pour ordonner un travail gymnastique tendant au même résultat.

N'est-ce-pas par un exercice de tous les jours ou un travail méthodique et gradué que les danseurs, les acrobates ou les clowns de nos cirques, parviennent à donner à leur système musculaire cette densité et ce développement exceptionnels, qui leur permettent de déployer dans leurs divers exercices cette grâce et cette agilité qu'on rechercherait vainement chez des individus n'ayant pas été soumis aux mêmes épreuves?

Tout le travail énoncé dans les pages qui suivront n'est que le développement et l'application des principes exposés ci-dessus et pouvant se résumer par ces mots : — la légèreté, l'agilité et la souplesse sont la conséquence inévitable d'une force acquise par un travail gymnastique, progressif et méthodique.

En dehors de la vie militaire, il est rare qu'un homme de cheval s'occupe du dressage d'un animal dans les conditions de ceux qui nous arrivent dans les corps ; son choix s'exerce de préférence sur des chevaux faits, forts et robustes, qui la plupart du temps ont couru, chassé ou servi au trait. — Dans ces différents cas, l'application des moyens d'assouplissement dont nous parlions plus haut a sa raison d'être ; aussi, en peu de jours, dans ce cheval jouissant de toute la plénitude de ses moyens, la métamorphose est-elle complète à la plus grande satisfaction du cavalier.

De là sont nés ces dressages en vingt leçons qui, s'il faut en croire leurs auteurs, donneraient aux jeunes chevaux de nos régiments qui y seraient soumis, le tempéremment, la force, la docilité et le fond du cheval de guerre prêt à entrer en cam-

pagne, si les expériences faites ne démontraient
surabondamment qu'on n'obtient ainsi d'autres résultats que d'alimenter la réforme de sujets rétifs
ou usés prématurément.

Nous nous résumons donc en disant que notre
but, en publiant cette brochure, n'a été que d'indiquer les moyens pratiques du dressage du jeune
cheval, tout en restant fidèle aux principes de l'ordonnance et à l'heureuse idée qui a présidé à la
création du travail individuel nouvellement ordon-
nancé.

Ce que nous écrivons ici, nous l'avons professé
et appliqué pendant plusieurs années à l'École de
Cavalerie. Nous ne nous sommes décidé à livrer cette
méthode à la publicité que sur les sollicitations toutes bienveillantes de nos anciens élèves et de nos
camarades de l'armée.

S'il nous est suffisamment démontré que l'instruction en général a pu y gagner quelque chose,
elle deviendra en quelque sorte l'entrée en matière
d'un ouvrage plus complet sur le dressage du cheval de haute école, auquel nous avons consacré
nos loisirs de douze années passées au manège de
l'École Impériale de cavalerie.

Qu'il nous soit permis à ce sujet, par un mouvement de sincère reconnaissance, de joindre notre
humble suffrage à celui des personnes qui ont loué

autant qu'admiré l'impulsion que M. le général de division comte de ROCHEFORT, et M. le comte d'AURE, aujourd'hui inspecteur général des haras, ont donné à l'équitation militaire pendant leur séjour à l'école de Saumur.

Nous ne faisons que remplir un devoir de cœur, en donnant un témoignage particulier de parfaite gratitude à ces deux illustres maîtres auxquels nous devons tout.

MÉTHODE PROGRESSIVE

APPLICABLE AU

DRESSAGE DU CHEVAL DE TROUPE

D'OFFICIER ET D'AMATEUR

INSTRUCTION en BRIDON.

L'instruction des jeunes chevaux étant habituellement confiée dans les régiments à des officiers instruits et expérimentés, ayant d'anciens cavaliers sous leurs ordres, nous comptons sur leur intelligence pour suppléer à la brièveté de certains passages plutôt indiqués que développés. Le dressage complet du cheval comprend des observations d'à-propos et d'actualité qui ne peuvent trouver leur place dans un livre, sans s'exposer à des longueurs qui nuisent souvent à la clarté du texte.

Le travail préparatoire en bridon sera divisé en quatre leçons :

1re LEÇON.

—

La première leçon a pour but de familiariser le cheval avec le harnachement, de le rendre facile au montoir, et enfin de l'habituer à se porter droit devant lui, monté par un cavalier.

2me LEÇON.

—

Connaissance de l'effet isolé et combiné des rênes et des jambes. — Marche directe en passant fréquemment du pas au trot et du trot au pas. — Changements de direction successifs, obliques et individuels.

3me LEÇON.

—

Travail sur des lignes circulaires et de deux pistes. — A-droites et à-gauches individuels.— Demi-tours sur les hanches. — Départ au trot les chevaux étant de pied ferme. — Arrêts et départs. — Répétition des effets isolés des rênes et des jambes. — Habituer les chevaux au feu.

4ᵐᵉ LEÇON.

—

Travail individuel. — Marche circulaire au trot. — Départ au galop par l'accélération de l'allure du trot. — Mouvements de deux pistes. — Tête et croupe au mur. — Changements de main. — Voltes et demi-voltes. — Augmentation et ralentissement de l'allure au pas et au trot. — Arrêts progressifs. — Continuer l'exercice du feu avec les chevaux les moins sages. — Saut des obstacles. — Mettre pied à terre et monter à cheval du côté hors-montoir.

1ʳᵉ Leçon.

—

Les chevaux sellés, et en bridon, seront conduits non montés sur le terrain de manœuvre, ou de préférence dans un manège couvert ou découvert. Le brigadier ou le sous-officier attaché à la remonte les fera placer sur un rang, à quatre mètres d'intervalle. L'Instructeur procède d'abord à la désignation des chevaux ; il affecte aux plus grands chevaux les plus grands cavaliers, et il réserve pour les chevaux d'ardeur ou impressionnables les cavaliers qui montent le mieux parmi les plus anciens.

Ce travail terminé, l'instructeur passe lui-même la revue du harnachement ; et après avoir réuni les cavaliers en cercle autour de lui pour bien leur faire comprendre l'utilité de cette inspection et la marche à suivre, il la fait passer par chaque cavalier isolément. Cette inspection devra avoir lieu chaque jour de travail.

Les chevaux n'ayant encore supporté que la pression du surfaix d'écurie, les sangles devront êtremédiocrement serrées ; la croupière, lorsqu'on la touche, ne doit point produire l'effet d'une corde tendue; quand elle est trop lâche, les crins qui se placent entre la croupière et la queue blessent le cheval et donnent lieu à des défenses souvent dangereuses pour le cavalier.

Le poitrail sera ajusté de manière à trouver son appui au-dessus de la pointe des épaules pour ne pas en gêner les mouvements.

La selle sera bien placée sur le dos du cheval si la partie antérieure des mamelles est éloignée des épaules de la largeur de la main environ; plus en avant elle surcharge inutilement l'avant-main, gêne les mouvements des épaules et peut donner lieu aux blessures graves du garrot.

La couverte devra être ployée avec le plus grand soin pour ne pas former de plis ; elle devra être relevée dans le vide formé par l'arcade de devant pour ne pas échauffer le garrot.

Le bridon sera bien placé dans la bouche du cheval lorsque les canons se trouveront à la distance d'un centimètre de la commissure des lèvres; trop haut il plisse les lèvres, gêne le cheval, le fait battre à la main et quelquefois porter le nez au vent ; trop bas il peut s'appuyer sur les crochets ou passer en avant d'eux, faire souffrir le cheval et rendre la conduite fort difficile.

La sous-gorge devra être lâche pour ne pas gêner la respiration.

Comme il existe beaucoup de courroies dans les selles de troupe, il est important de les bien rouler pour que les bouts pendants ne chatouillent pas le cheval.

Leçon du montoir.

La docilité du cheval à se laisser monter facilement par son cavalier est une des qualités tellement importantes à rechercher qu'on ne saurait trop s'attacher à bien donner cette leçon. Les circonstances dans lesquelles le cavalier est obligé de descendre de cheval et d'y remonter, surtout en campagne, sont trop connues pour qu'il devienne nécessaire d'en parler ici.

Nous nous contenterons d'indiquer les précautions et la marche à suivre pour donner cette leçon, afin qu'elle ait des résultats durables.

Les chevaux une fois désignés et toutes les observations relatives au harnachement étant faites, l'instructeur, en présence de tous les cavaliers réunis, donne lui-même la leçon du montoir à un des chevaux de la reprise.

Il aborde le cheval par la tête, le caresse sur le front et sur les yeux, en promenant doucement la main dans le sens du poil. Il prend la rêne gauche du filet avec la main gauche et se dirige vers l'épaule de ce côté en caressant le cheval de la main droite sur l'encolure. Si le cheval manifeste de la crainte, de l'impatience ou bien encore s'il recule, l'instructeur revient à la tête, attire le cheval en avant avec une ou deux rênes du bridon, renouvelle les caresses déjà prescrites et cherche à calmer le cheval de la voix, en lui parlant d'un ton doux ou ferme, selon le cas. Le calme rétabli, l'instructeur revient de nouveau à l'épaule, caresse le cheval avec soin et se place enfin à la hauteur de l'étrivière gauche. Dans cette position caresser le cheval sur la croupe, élever la main au-dessus de la selle et la laisser retomber sur le siège ; répéter cette opération deux ou trois fois de suite.

L'instructeur prend ensuite l'étrivière gauche, l'ajuste à son point, soulève l'étrier et le laisse retomber par son propre poids ; si le cheval se tracasse trop, ne pas craindre de revenir à la tête pour lui inspirer de la confiance et du calme. La soumission une fois obtenue, se remettre de nouveau en face du cheval et renouveler les caresses avec des inflexions douces de la voix, comme récompense de son bon vouloir et de sa docilité.

Continuer la leçon du montoir en plaçant le pied gauche dans l'étrier, mais sans s'enlever; peser sur l'étrier, retirer le pied, caresser le cheval et recommencer plus ou moins souvent en raison du calme, de la défiance ou de l'inquiétude du cheval.

Pour s'enlever sur l'étrier ou pour enfourcher le cheval, l'instructeur recommande aux cavaliers de ne pas appuyer le pied engagé dans l'étrier sur l'avant-bras, mais bien de conserver la verticalité de la jambe en appuyant le genou contre la selle, de manière à loger la pointe du pied sous la sangle.

En plaçant le pied gauche sur l'avant-bras au moment de s'enlever pour enfourcher le cheval, tout le poids du corps du cavalier repose obliquement sur cette partie ; la douleur qui en résulte, si minime qu'elle puisse être, suffit cependant pour que le jeune cheval cherche à s'y soustraire.

Pour enfourcher le cheval, placer les rênes croisées dans la main gauche ; avec cette même main prendre une poignée de crins près du garrot ; placer le pied gauche dans l'étrier, la main droite sur le troussequin ou la palette et s'enlever légèrement, mais franchement ; se pencher aussitôt sur le pommeau pour ne pas laisser tout le poids du corps sur l'épaule gauche, caresser le cheval de la main droite à la base de l'encolure et sur l'épaule droite ; descendre légèrement, caresser et recommencer. Finir enfin par enfourcher le cheval, en ayant soin d'arriver bien légèrement en selle ; mettre pied à terre, passer par devant le cheval pour l'aborder du côté droit, le flatter de nouveau et répéter la leçon du montoir.

La première fois qu'on donne cette leçon, il est utile, et souvent très prudent, de se servir de deux cavaliers par cheval : l'un d'eux tient le cheval et le caresse, pendant que l'autre l'instruit. Il est bon aussi, la première fois qu'on fait marcher les chevaux, de les faire conduire à la main par les cavaliers à pied le temps nécessaire pour calmer ceux qui pourraient se laisser surprendre, soit par la croupière ou la sangle, soit encore par le poids du cavalier.

Les cavaliers-aides, à l'indication de l'instructeur, abandonnent la rêne du bridon qu'ils avaient dû prendre pour conduire les chevaux , et se réunissent au centre du manège ou de la carrière.

Si un cheval vient à s'arrêter, et que sa physionomie annonce de la frayeur causée par une des parties du harnachement qui peut être mal ajustée , un des cavaliers à pied s'approche du cheval , prend une rêne du bridon, le caresse et le détermine à marcher en le déplaçant d'abord par côté.

A partir de la première leçon, on peut , avec des chevaux de troupe , se passer facilement des cavaliers à pied.

Pour les chevaux difficiles , quelle qu'en soit la cause, on doit se servir de la longe à trotter, et exercer le cheval sur le cercle, libre ou monté, jusqu'à ce qu'il annonce assez de confiance et de franchise pour être mis en reprise avec les autres et sans danger pour le cavalier. Dans ce cas, l'instructeur tient la longe et préside à tous les détails de la leçon du montoir.

Tous les chevaux étant montés , faire rompre successivement par la droite ou par la gauche ; un brigadier montant un cheval calme , marche en tête.

Conserver quatre ou cinq mètres de distance d'un cheval à l'autre, la première fois seulement. Faire caresser tous les chevaux en général, et particulièrement ceux qui se tourmentent ou manifestent de la crainte ou de l'inquiétude.

Éviter surtout la brutalité de la part des cavaliers et proscrire le châtiment à la première leçon , parce qu'il arrive le plus souvent que si un cheval se tracasse, s'arrête ou ne veut pas suivre les autres , c'est qu'il est surpris.par le harnachement ou effrayé des mouvements du cavalier qui monte pour la première fois sur son dos.

L'instructeur qui laisserait châtier un cheval dans une pareille situation, commettrait une grande erreur. Les défenses les plus énergiques et quelquefois des accidents fort graves, sont la conséqence d'une semblable maladresse.

Après cinq ou six tours de manège à main droite, l'instructeur fait changer de main successivement et marcher à main gauche le même temps. — Se remettre à main droite.

La marche s'exécutant avec calme au pas, la répéter au trot aux deux mains. — Prendre le pas pour changer *de main.

Recommander au cavalier d'avoir les rênes parfaitement égales pour éviter tout pli d'encolure, et de les tenir moëlleusement tendues pour fixer les têtes.

Éviter avec soin de mettre les chevaux en sueur. — Marcher au pas le temps nécessaire pour bien les calmer et répéter la leçon du montoir avant de les renvoyer.

En commençant cette leçon comme en la terminant, un cavalier à pied, muni d'une vanette d'avoine, en distribue à chaque cheval successivement.

2me Leçon.

Conduire les chevaux au manège et faire monter à

cheval sans rien omettre des prescriptions déjà indiquées. Diviser les cavaliers en deux reprises, s'ils sont trop nombreux pour qu'on puisse les placer tous sur un des grands côtés du manège. — Marcher au trot aux deux mains pour calmer les chevaux ; marcher à main droite au pas, caresser et commander repos.

Connaissance de l'effet isolé et combiné des jambes. — Rotation des hanches autour des épaules. — Demi-tours sur l'avant-main ou demi-pirouette renversée.

Ce travail des aides inférieures comprendra cinq séries bien distinctes qu'on devra entrecouper de marches au pas et au trot, pour ne pas fatiguer la mémoire du cheval.

1re Série. — Arrêt, demi-tour en deux temps, arrêt et départ.

2me Série. — Arrêt, demi-tour non décomposé, arrêt et départ.

Ces deux premières séries ont pour but d'apprendre au cheval à obéir à l'action isolée de la jambe gauche et de la jambe droite.

3me Série. — Arrêt, demi-tour non décomposé, porter en avant aussitôt.

4me Série. — Le cheval étant en marche au pas, demi-tour non décomposé, arrêt et départ.

5me Série. — Le cheval étant en marche, demi-tour non décomposé, porter en avant aussitôt.

Ces trois dernières séries ont pour but d'habituer le cheval à l'action simultanée des jambes.

Pour le premier jour, l'instructeur devra se contenter des deux premières séries; le lendemain et les jours suivants il ajoutera une nouvelle série à son travail. A partir du cinquième jour, les chevaux seront exercés à les exécuter sans suivre l'ordre indiqué.

1ᵉʳ JOUR DE TRAVAIL — (1ʳᵉ ET 2ᵐᵉ SÉRIES).

Les cavaliers marchant à main droite et les deux reprises étant déployées sur les grands côtés, faire arrêter et caresser ; placer la cravache dans la main gauche (la mèche en bas).

Pour ranger les hanches avec la jambe gauche, se servir de cette jambe un peu en arrière des sangles, non pas par une pression continue, ou plus ou moins forte, mais par une succession de petits coups de mollets qui auront pour résultat de déterminer le cheval, comme s'il était poussé, à déplacer son arrière-main à droite.

Si, comme cela arrive souvent, la première fois que l'on donne cette leçon, l'arrière-main reste immobile, ouvrir la rêne gauche pour opposer l'épaule à la hanche et donner en même temps deux ou trois petits coups de cravache en arrière de la botte.

Les trois actions associées, de la jambe, de la rêne et de la cravache, ont pour but de placer les chevaux la tête au mur. Ce résultat obtenu, caresser aussitôt.

Répéter les mêmes actions pour compléter le demi-tour

2

sur l'avant-main et caresser de nouveau. Se porter en avant à main gauche et arrêter lorsque les deux reprises, après avoir changé de côté, se trouvent à la même hauteur.

Ranger les hanches avec la jambe droite en se conformant à ce qui vient d'être dit pour la jambe gauche. Se porter en avant à main droite. — Commander repos.

Marcher au trot ; après deux ou trois tours de manège prendre le pas et changer de main ; répéter les mêmes mouvements de hanche indiqués plus haut, en commençant par la jambe droite. Marcher au trot ; après deux ou trois tours de manège prendre le pas, changer de main, commander repos.

2me SÉRIE.

La deuxième série ne diffère de la première que dans l'exécution du demi-tour que l'instructeur ne fait point décomposer en arrêtant les chevaux la tête au mur.

Le départ au trot, le changement d'allure et le changement de main doivent s'exécuter dans le même ordre, et en suivant la progression indiquée dans la série précédente.

Si, malgré les précautions que nous venons d'indiquer pour ces mouvements de hanches, un cheval résiste en opposant la force d'inertie, l'instructeur devra mettre pied à terre, prendre la rêne gauche du bridon par exemple, attirer la tête à gauche et chasser la hanche à droite, en frappant le cheval de deux ou trois petits coups énergiques de la cravache, en arrière de la botte du cavalier ; le cheval ayant obéi, le caresser aussitôt ; ranger les hanches à gauche par le même procédé.

Jusqu'à parfaite obéissance, l'instructeur donne cette leçon particulière au commencement du travail et avant de mettre pied à terre.

2me JOUR DE TRAVAIL. (3me SÉRIE).

Le second jour, ajouter au travail précédent la troisième série des mouvements de rotation des hanches.

Les cavaliers marchant à main droite, arrêter les reprises sur les grands côtés et à la même hauteur ; caresser les chevaux.

A l'indication de l'instructeur, les cavaliers rangent les hanches avec la jambe gauche ; au moment où la hanche commence son mouvement de rotation, le cavalier baisse légèrement les poignets, glisse la jambe droite en arrière et augmente progressivement son action à mesure que les hanches arrivent vers la piste, pour que le mouvement en avant succède sans retard au mouvement de rotation. Caresser aussitôt.

Arrêter sur la piste opposée et exécuter le mouvement inverse.

Départ au trot, changement d'allure et changement de main tels qu'ils sont indiqués précédemment.

3me JOUR.

Tout le travail précédent, plus la 4me série des mouvements de hanches.

4me SÉRIE.

Les chevaux étant en marche, à l'indication : rangez les hanches, les cavaliers agissent simultanément des poignets pour arrêter le mouvement en avant, et de la jambe gauche pour produire la rotation des hanches autour des épaules. Le demi-tour exécuté, arrêter le cheval bien droit et caresser. — Se porter en avant. — Mouvement inverse sur la piste opposée. — Le mouvement de rotation des hanches doit succéder sans temps d'arrêt au mouvement en avant.

Départ au trot. — Changement d'allure et changement de main, comme dans les reprises précédentes.

4me JOUR.

Le travail précédent, plus la 5me série des mouvements de rotation des hanches.

5me SÉRIE.

La cinquième série s'exécute comme la précédente, avec la différence qu'on doit porter le cheval en avant aussitôt après le demi-tour, au lieu de marquer un temps d'arrêt.

Départ au trot. — Changement d'allure et changement de main comme dans les reprises précédentes.

Prévenir les cavaliers que les mouvements sur place ont le grand inconvénient de rendre les chevaux froids aux jambes. Il est urgent, pour combattre ce défaut qui conduit tout droit à la rétivité, de porter les chevaux devant eux au trot après chacun des mouvements de rotation, en les sollicitant par des vibrations plus ou moins énergiques des jambes. Ces vibrations, ou ces petits coups de mollets en arrière des sangles, sont employés même pendant l'allure du trot. Dans ce cas, les cavaliers doivent favoriser l'augmentation de l'allure en baissant un peu les poignets et conserver toujours les rênes légèrement tendues pour soutenir l'avant-main.

Lorsque les chevaux répondent sans hésiter à l'action isolée et combinée des aides inférieures, on doit leur apprendre à répondre de la même manière à l'action des aides supérieures.

Les aides supérieures dirigent le cheval, le ralentissent, l'arrêtent, produisent le reculer et donnent lieu à tous les changements de direction. Leur action, dans tous les mouvements possibles, est toujours associée à celle des aides inférieures qui produisent le mouvement. Le rapport incessant qui doit exister entre ces deux forces, agissant en sens inverse, les jambes d'arrière en avant et les mains d'avant en arrière, est ce que l'on nomme l'accord des aides.

A partir du jour où les chevaux exécutent régulièrement le travail précédent, sans suivre l'ordre indiqué dans la progression des mouvements des hanches, l'instructeur termine chacune de ses séances par les mouvements de tête à droite et à gauche, les chevaux étant en marche.

Fléchir la tête à droite et à gauche sur le haut de l'encolure, sans influer en rien sur la position de cette dernière qui ne doit point quitter le plan médian du corps, tel est le résultat à obtenir.

Pour amener la tête à droite, le cavalier tire moëlleusement et lentement sur la rêne droite, soutient de la rêne gauche pour modérer le déplacement de la tête et pour empêcher le plus possible l'encolure de se ployer ; la tête seule doit être déplacée à droite. Le mouvement sera bien fait si cette dernière, plutôt haute que basse, reste verticale, si la mâchoire est mobile et si le déplacement à droite ou à gauche de la tête ne dépasse point le plan qui, parallèle à l'axe du cheval, passerait par la pointe de l'épaule.

Ces mouvements de tête s'exécutant régulièrement aux deux mains, au pas et au trot, on doit alors commencer les changements de direction obliques, successifs et individuels qui sont un acheminement aux mouvements de la 3me leçon.

L'instructeur rappelle au besoin le mécanisme des aides dans les changements de direction.

Tout changement de direction nécessite l'ouverture franche de la rêne du côté du mouvement, l'appui sur l'encolure de la rêne opposée et l'action plus marquée de la jambe du dehors.

CHANGEMENT DE DIRECTION SUCCESSIF

(OU CHANGEMENT DE MAIN).

Après le passage du second coin, le conducteur exécute

un demi à-droite et se dirige à six pas en avant du premier coin sur la piste opposée ; chaque cavalier successivement exécute le même mouvement : — Même travail aux deux mains au pas et au trot.

CHANGEMENT DE DIRECTION OBLIQUE

(ET INDIVIDUEL).

Les deux reprises étant déployées sur les grands côtés, l'instructeur indique le changement de main individuel. — A son commandement, chaque cavalier exécute un quart d'à-droite, se porte droit devant lui et redresse son cheval par un quart d'à-gauche en rentrant sur la piste opposée. — Exécuter ce mouvement aux deux mains, au pas et au trot.

CHANGEMENT DE DIRECTION INDIVIDUEL.

A l'indication : individuellement doublez, chaque cavalier exécute un à-droite et se porte droit devant lui ; traverse le manège dans sa largeur et rentre sur la piste en exécutant un nouvel à-droite. Il est de principe, dans le travail de manège, qu'on ne change de main, après un à-droite ou un à-gauche, que sur l'indication de l'instructeur. Même mouvement aux deux mains, au pas et au trot. Insister beaucoup sur ce travail et l'entrecouper fréquemment de changements de main.

TRAVAIL EXTÉRIEUR

FAISANT SUITE AUX DEUX PREMIÈRES LEÇONS EN BRIDON.

Le travail extérieur ou entraînement progressif développe les qualités physiques et les fonctions de la respiration. — La force et le fond, tel est le résultat produit.

Le travail à l'extérieur sera divisé en quatre huitaines.

Les soins hygiéniques à donner aux chevaux, à la rentrée des promenades, ne peuvent guère se borner pour le cheval de troupe, qu'à un bouchonnage général exécuté avec le plus grand soin. Quant au cheval d'amateur, pour éviter les engorgements qui suivent quelquefois ces premières épreuves et développer dans la partie inférieure des membres une circulation favorable à la tonicité de ces parties, nous conseillerons les précautions suivantes : — Laver à grande eau à partir du genou et du jarret, essuyer à l'éponge sèche. — Frictionner et masser avec une époussette en toile et terminer par une friction légère à l'eau-de-vie camphrée, suivie de l'application des flanelles.

Première huitaine.

Promenades au pas ; quatre lieues au moins à parcourir, deux pour aller et deux pour revenir. Se tenir sur les bas côtés des routes et faire observer une distance de cinq mètres.

Marcher par un ; placer un vieux cheval en tête comme conducteur ; donner beaucoup de liberté aux chevaux et activer souvent l'allure.

Faire une halte de quelques minutes avant le demi-tour. Mettre pied à terre, caresser beaucoup. Visiter les pieds et le harnachement ; répéter la leçon du montoir, monter à cheval et rentrer dans le même ordre.

Pendant les quatre derniers jours de cette semaine, l'instructeur fera exécuter deux temps de trot par promenade, un en allant et l'autre en revenant. L'allure ne devra pas être prolongée au-delà de sept à huit minutes chaque fois. Le trot ne devra être ni allongé ni raccourci : la vitesse du trot de route ou trot soutenu est celle qui convient le mieux.

2me huitaine.

Pendant cette semaine, les promenades se feront de la manière suivante : cinq minutes de trot et dix minutes de pas. Ne pas oublier de faire mettre pied à terre au moment du demi-tour, pour visiter les pieds, pour replacer les couvertes et ressangler les chevaux s'il en est besoin. Insister beaucoup sur la leçon du montoir.

Pendant les quatre derniers jours de cette semaine, les promenades se feront moitié au trot, moitié au pas (cinq minutes pour chaque allure). A ce même travail on devra associer les augmentations et les ralentissements d'allure au pas et au trot. L'augmentation de l'allure du trot ne devra pas être exagérée, pour peu qu'elle soit sensible c'est tout ce qu'il faut. En agissant autrement, on s'éloigne complètement du but de cet entrainement progressif qui, en développant le système musculaire et les facultés respiratoires, conserve le cheval dans ses aplombs naturels et le met à l'abri de l'usure.

L'attitude du cheval, pendant ce travail, est le meilleur renseignement sur lequel l'instructeur puisse se guider pour continuer cet exercice ou pour le faire cesser momentanément.

Il sera bien fait toutes les fois que le cheval, dans les augmentations ou ralentissements d'allure, ou en passant d'une allure à une autre, conservera l'encolure et la tête bien placées, cette dernière plutôt haute que basse et à peu près verticale.

On doit suspendre ce travail momentanément pour tous les chevaux qui battent à la main ou qui forgent en marchant.

Pour les chevaux qui, bourrent ou qui deviennent lourds à la main on doit, pendant toute la durée de la leçon, déplacer fréquemment la tête à droite et à gauche, de manière à priver le cheval d'un appui qui, tout en rendant la conduite difficile, porte le poids de la masse sur les membres antérieurs et en fausse les aplombs.

3me huitaine.

Un jour sur deux, répétition du travail précédent avec addition du départ au galop par l'accélération de l'allure du trot ; cinq minutes de pas et six ou sept minutes de trot et de galop, les jours opposés promenades au pas et au petit trot (cinq minutes pour chaque allure) dans un terrain inégal et pierreux ; prendre toujours le pas dans les montées et les descentes.

Les premiers départs au galop par l'accélération de l'allure du trot ayant pour but d'habituer les chevaux à cette nouvelle allure, on ne devra pas en abuser ni s'attacher à partir plutôt sur un pied que sur l'autre, ni enfin chercher à ralentir ou cadencer l'allure.

Les promenades sur les terrains inégaux servant à rendre le cheval adroit et à développer ses instincts, en le mettant à même d'éviter de sa propre volonté les pierres, monticules, enfoncements ou autres accidents de terrain, on devra lui donner une grande liberté, tout en recommandant au cavalier d'être toujours prêt à le soutenir s'il venait à faire un faux pas ou à buter.

L'adresse, la franchise et la confiance étant les qualités les plus solides du cheval de guerre, il faut chercher avant tout les moyens les plus propres à les développer.

Tout cavalier qui, dans le travail que nous venons d'indiquer, aurait les rênes très-courtes, les jambes serrées et collées au corps, et qui chercherait en outre, en dirigeant son cheval, à lui faire éviter les divers accidents de terrain s'éloignerait complètement du but proposé.

Comme dans les leçons précédentes, mettre pied à terre à moitié chemin pour visiter le harnachement et éviter par là les blessures du dos et du garrot.

Les pieds devront être visités avec le plus grand soin ; les pierres qui se fixent entre le fer et la sôle, quand elles ne font point subitement boiter le cheval, produisent souvent des meurtrissures qui peuvent engendrer de graves maladies du pied.

4me huitaine.

Pendant toute cette semaine l'instructeur exercera les cavaliers sur un terrain uni. Faire marcher aux trois allures allongées et ralenties en conservant toujours les chevaux d'aplomb et légers, tel est le but de cette dernière instruction qui doit précéder le travail en bride; s'attacher à faire galoper les chevaux sur l'un et l'autre pied.

Terminer ce travail en faisant avec soin les changements d'allures; c'est-à-dire, passer du pas au trot, du trot au galop, du galop au trot, du trot au pas, du pas au galop et du galop au pas.

Ce travail terminé, revenir à l'instruction dans l'intérieur et exécuter avec le plus grand soin tout ce qui est prescrit dans les leçons en bridon qui suivent.

A partir de la quatrième huitaine, l'instructeur devra chaque jour de travail, exercer les cavaliers au travail individuel sur le terrain de manœuvres.

3me LEÇON.

—

Revenir avec le plus grand soin sur la leçon du montoir. Marcher à main droite la tête au mur (deux ou trois

pas seulement. Redresser et recommencer. Arrêter et repartir. Doublé individuel. Cercle individuel (deux tours).
Volte individuelle, la tête au mur (quatre ou cinq pas).
Redresser. Rotation des hanches autour des épaules pour
changer de main. Même travail à main gauche. Se remettre à main droite et commander repos.

*Rotation des épaules autour des hanches. — Demi-
pirouette ordinaire ou demi-tour sur l'arrière-main.*

Ce travail comprendra cinq séries :

1° Arrêt. — Demi-tour en quatre temps. — Arrêt et
départ.

2° Arrêt. — Demi-tour en deux temps. — Arrêt et
départ.

3° Arrêt. — Demi-tour non décomposé et départ.

4° En marche. — Demi-tour non décomposé et arrêt.

5° En marche. — Demi-tour non décomposé et départ.

Le premier jour de travail l'instructeur fera exécuter
les deux premières séries ; le lendemain et les jours suivants ajouter une nouvelle série. A partir du cinquième
jour, les chevaux seront exercés à les exécuter sans
suivre l'ordre indiqué.

Toutes les observations de la deuxième leçon, relatives
au travail en place, sont applicables à la troisième leçon.

ROTATION DES ÉPAULES (1ʳᵉ sérIE).

Les cavaliers marchant à main droite, les arrêter sur la piste des grands côtés.

A l'indication demi-pirouette, les cavaliers déterminent les chevaux en avant et portent les deux mains à droite, la rêne droite ouverte, la gauche appuyée près du garot; glisser en même temps la jambe gauche en arrière pour maintenir les hanches sur la piste, la jambe droite fixée près des sangles, et arrêter les chevaux dans la direction d'un demi à-droite; caresser aussitôt. Dans la demi-pirouette à droite, c'est la jambe droite postérieure qui sert de pivot, elle ne doit donc pas quitter la piste : c'est l'inverse dans la demi-pirouette à gauche.

Exécuter trois demi-à-droites en employant les mêmes moyens pour compléter le demi-tour sur l'arrière-main ; arrêter les chevaux bien droits sur la piste, caresser et se porter en avant.

Même travail sur la grande piste opposée. (Repos.)

Marcher au trot. Doublé individuel et changement de main. Mêmes mouvements à main gauche pour revenir à main droite.

Marcher au pas. La croupe au mur (2 ou 3 pas).

Redresser et arrêter. Départ au trot de pied ferme. Cercle individuel (deux tours au moins).

Marchant au trot, arrêter ; départ au trot de pied ferme. — Marcher au pas. La croupe au mur (3 ou 4 pas). Redresser et arrêter.

ROTATION DES ÉPAULES (2ᵉ SÉRIE).

A l'indication de l'instructeur, les cavaliers exécutent un à-droite de pied ferme (comme il est prescrit dans la première série pour les demi-à-droites), arrêtent et caressent leurs chevaux.

Même mouvement pour compléter le demi-tour.

Exécuter à main gauche le travail au pas et au trot qui précède, puis deux à-gauches de pied ferme pour revenir à main droite.

Répéter aux deux mains les mouvements de hanches prescrits à la 2ᵉ leçon et les entrecouper de marches au trot. Pour ranger les hanches, se servir de la cravache en arrière de la botte et du côté de la jambe qui agit particulièrement, pour rendre le cheval plus fin à l'action des aides inférieures. Employer la cravache avec plus ou moins d'énergie, selon la nature du cheval, toujours· sans brutalité, et éviter les grands mouvements du bras en en faisant usage.

Répéter cette troisième leçon de manière à bien faire connaître au cheval l'action isolée et combinée des aides inférieures.

2ᵉ, 3ᵉ, 4ᵉ jours etc., la reprise qui précède, en ajoutant une nouvelle série des mouvements de l'avant-main sur le train postérieur.

Terminer la reprise par l'exercice du feu, tel qu'il est indiqué plus bas et renvoyer.

HABITUER LES CHEVAUX AU FEU.

Cet exercice aura lieu à la fin du travail, et de préférence sur le terrain de manœuvres.

Marcher en cercle, faire doubler les distances et commander repos.

L'instructeur, armé d'un pistolet chargé et suivi d'un cavalier à pied porteur d'une vannette pleine d'avoine, se place au centre du cercle. Les cavaliers étant au repos et caressant leurs chevaux, l'instructeur tire son pistolet en l'air. Les cavaliers doublent aussitôt, arrêtent et caressent leurs chevaux.

Le cavalier à pied parcourt le cercle et distribue de l'avoine à chaque cheval, particulièrement aux chevaux impressionnables. Pendant que les chevaux la mangent, l'instructeur tire un second coup de pistolet.

2e jour. — Exécuter le feu tel qu'il vient d'être indiqué; rétrécir le cercle et tirer cinq coups de pistolet pendant que les chevaux mangent l'avoine.

3e jour. — Quatre hommes à pied, armés de pistolets, tirent leur arme successivement pendant la distribution de l'avoine; chaque cavalier tire deux coups de pistolet.

L'instructeur prend les noms des chevaux les plus calmes, et donne l'ordre aux cavaliers qui les montent d'assister au travail du lendemain avec leurs pistolets chargés.

4e jour. — Toujours sur le cercle, faire compter par quatre. Disposer les cavaliers de manière que ceux montés sur des chevaux calmes soient des numéros 1.

Distribuer l'avoine ; commencer le feu successivement par les cavaliers à pied et continuer de la même manière par les cavaliers montés. Ces derniers déchargent leur arme en étendant le bras à droite et en arrière. Répéter ce feu en le faisant exécuter successivement par deux cavaliers à la fois. L'instructeur ne saurait trop faire caresser les chevaux.

5e jour. — Faire compter par quatre ; les cavaliers n°° 1 et 3 seront armés de pistolets. Commencer la distribution de l'avoine et le feu successivement, d'abord par les hommes à pied et sans interruption par les n°s 1 et 3.

6e jour. — Tous les cavaliers seront armés de pistolets. Faire compter par quatre. Les cavaliers à pied commencent le feu successivement, chargent leur arme pour la deuxième fois et tirent tous ensemble à l'indication de l'instructeur. Commencer la distribution de l'avoine et le feu successivement par les cavaliers montés, les n°s 1 et 3 d'abord, et les n°° 2 et 4 sans interruption.

7e jour. — Tout le travail de la 3e leçon ayant été exécuté avec soin, disperser les cavaliers dans le terrain de manœuvres. L'instructeur est suivi d'un trompette ; à la sonnerie du demi-appel, chaque cavalier à volonté tire son arme le bras étendu en arrière et à droite. Les pistolets étant chargés de nouveau, à la sonnerie du demi-appel, chaque cavalier à volonté tire son arme, le bras étendu en avant et à droite de la tête de son cheval ; caresser beaucoup.

A la sonnerie du ralliement général , tous les cavaliers

prennent le galop et viennent se former en cercle autour de l'instructeur, qui a avec lui un trompette, quatre cavaliers munis de pistolets, d'une caisse roulante et de cymbales.

Faire charger les armes. A la sonnerie du demi-appel le feu commence par les hommes à pied et se continue par les cavaliers montés. Distribuer l'avoine. Pendant le feu, le tambour et les cymbales sont battus d'abord très-doucement; si les chevaux restent calmes, ne pas craindre d'augmenter le bruit ; caresser beaucoup et renvoyer.

Comme dernier exercice et aussi comme épreuve, afin de s'assurer du bon résultat de la progression que nous venons d'indiquer, l'instructeur fera exécuter le travail qui suit :

Placer dix hommes à pied armés de fusils, de pistolets ou de mousquetons au milieu du terrain de manœuvres, à trois mètres l'un de l'autre.

Les cavaliers étant formés sur un rang à cent ou cent cinquante mètres des hommes à pied, faire compter par dix. A l'indication de l'instructeur, les dix premiers cavaliers rompent ensemble et se dirigent au trot sur les cavaliers à pied qui tirent tous à la fois à la distance de dix mètres. Recommander à ces derniers de viser en avant des pieds des chevaux. Le feu exécuté, les cavaliers passent dans les intervalles des hommes à pied et vont se former sur un rang à vingt mètres en arrière d'eux. Chaque fraction de dix exécute successivement le même mouvement et rompt sans commandement dès qu'elle entend la détonation des armes de la fraction qui précède.

Il n'est pas possible de préciser d'une manière absolue la durée d'une leçon ou d'un exercice. Le calme des chevaux, leur docilité et leur manière de faire, sont les seuls renseignements qui autorisent l'instructeur à passer d'une leçon à une autre.

4ᵉ LEÇON.

Les cavaliers ayant le sabre, insister sur la leçon du montoir, caresser beaucoup et répéter cette leçon plusieurs fois de suite avant d'enfourcher les chevaux.

Les chevaux étant de pied ferme et montés, l'instructeur fait croiser les rênes dans la main droite et caresser de la main gauche sur la base de l'encolure et sur le flanc gauche du côté du sabre.

Chaque cavalier à volonté prend son sabre par la bélière et le premier anneau, le soulève légèrement, le remet en place et caresse son cheval.

Répéter ce premier exercice en élevant progressivement la poignée du sabre et la laissant retomber, pour habituer le cheval à son choc.

Prendre les rênes dans les deux mains, rompre par file à droite et conduire les cavaliers dans le terrain de manœuvres.

Travail individuel.

Avant de faire rompre les rangs, l'instructeur recommande aux cavaliers de ne rien exiger de leurs chevaux que des mouvements sur la ligne droite ; en d'autres termes, de ne pas demander les mouvements d'appuyer, de reculer ni les mouvements en place.

Cette observation, qui paraît insignifiante tout d'abord, est cependant très-importante.

Qu'on se donne la peine d'examiner un cavalier abandonné à lui-même sur son cheval. S'il ne le conduit pas au galop allongé, on le voit du moins insister beaucoup sur le mouvement d'appuyer, sur les demi-tours, le reculer, et cela en employant des moyens dont il ne se rend pas toujours compte.

Pour tout le travail individuel, l'instructeur sera suivi d'un trompette pour indiquer les changements d'allure et les changements de main.

Exécuter des à-droites, des à-gauche, des demi-tours au pas et au trot en changeant fréquemment d'allure.

Ce travail ayant duré pendant une demi-heure, chaque cavalier ira poser son sabre dans un endroit convenu d'avance.

A la sonnerie du ralliement, tous les cavaliers viendront se former en cercle autour de l'instructeur.

Les cavaliers marchant à main droite, faire doubler les distances et donner l'explication du départ au galop par l'accélération de l'allure du trot. Après deux tours de cercle au moins, reprendre le trot et le pas ; commander repos et caresser beaucoup les chevaux.

Répéter deux ou trois fois le départ sur le pied droit,

prendre le pas pour changer de main ; même travail sur
le pied gauche, changer de main et marcher large ; commander repos.

Saut des obstacles.

Cette partie de l'instruction du cheval de guerre, généralement négligée, doit cependant être considérée
comme très-importante eu égard aux circonstances nombreuses dans lesquelles le cheval de troupe est appelé à
faire preuve d'adresse et d'agilité.

Quelles que soient ses qualités de tempéramment, sa
force de résistance et sa docilité, le cheval de selle n'est
réellement complet qu'autant qu'il est franc, sûr et adroit
à franchir les obstacles de toute nature qui peuvent se
rencontrer en rase campagne.

Le cheval apprend à sauter comme il apprend autre
chose.

Si l'on rencontre quelquefois des chevaux sautant bien
sans avoir appris, il n'est pas permis de croire qu'une
instruction méthodique eût nui à des dispositions aussi
exceptionnelles.

Le cheval de troupe ne possède que très-rarement un
naturel aussi heureux. C'est un animal de routine et de
peu d'initiative ; il ne sait plus marcher dès qu'il ne fait
plus partie d'un peloton. Cette manière d'être est la con
séquence inévitable du travail d'ensemble dont on faisait
abus avant l'adoption du travail individuel.

Plus que tout autre, le cheval de troupe a besoin d'apprendre à sauter avec méthode et d'être parfaitement

confirmé dans son instruction ; c'est alors seulement qu'il rend de bons et durables services et qu'il est l'objet des soins les plus assidus de la part du cavalier qui le monte, et qui sait par avance qu'il peut avoir pleine confiance en lui dans un moment donné.

L'officier chargé de l'instruction des jeunes chevaux devra faire établir, dans le voisinage du terrain de manœuvres, une série d'obstacles ainsi disposés :

1° Une haie ;
2° Un fossé ;
3° Un mur en terre ;
4° Un double fossé ;
5° Un mur en pierre ;
6° Une barrière.

Comme élévation et comme largeur, les obstacles n'auront pas plus d'un mètre ni moins de soixante-cinq cent. Pour l'instruction, la barrière qui devra toujours être fixe, n'aura pas plus de deux tiers de mètre d'élévation.

Il y aura une distance de six mètres entre les deux fossés formant l'obstacle double.

La distance entre les obstacles sera de quarante mètres et leur développement de dix mètres au moins.

Autant que possible, les obstacles seront flanqués de murs ou de fossés, de manière à empêcher les chevaux de se dérober par les côtés.

L'exercice des obstacles sera divisé en trois séries :

1° A la longe, le cheval non monté ;
2° A la longe, le cheval monté ;
3° Sans longe, le cheval monté.

Cet exercice aura lieu chaque jour en terminant le travail de la quatrième leçon ; l'instructeur suivra la progression suivante :

PREMIÈRE SÉRIE.

Former les cavaliers en cercle à une certaine distance des obstacles.

Le premier cavalier sort de la reprise et va joindre l'instructeur, qui a dû se placer à cinq ou six pas en avant du premier obstacle. Le cavalier met pied à terre ; l'instructeur place le caveçon à la tête du cheval et enroule la longe dans la main gauche pour pouvoir s'en servir avec avantage.

Ceci fait, le cavalier se place à droite et à la hauteur de la tête du cheval, il tient les rênes du bridon avec la main gauche à quelques centimètres de la bouche, et la chambrière en arrière de lui avec la main droite, la mèche traînant à terre pour ne pas effrayer le cheval.

Pendant ce temps, l'instructeur enjambe le premier obstacle ; une fois de l'autre côté, il tend la longe, opère une légère traction, puis une seconde et ainsi de suite, pour déterminer le cheval à se rapprocher de l'obstacle, de manière à le lui bien faire voir.

Si le cheval, surpris de cette manœuvre ou effrayé, refuse d'avancer ou se tracasse, le cavalier resté près de lui le caresse avec soin et le détermine à avancer avec l'aide du bridon, en réglant ses exigences sur les tractions de longe faites par l'instructeur.

Arrivé à un ou deux mètres, le cavalier caresse le

cheval, abandonne les rênes du bridon et se retire à reculons vers la droite jusqu'à l'extrémité de l'obstacle, les yeux toujours fixés sur sa monture, la chambrière haute et dirigée vers la croupe; il attend les indications de l'instructeur pour s'en servir.

L'instructeur attire le cheval à lui à l'aide des tractions de longe que nous avons indiquées.

Si le cavalier doit se servir de la chambrière pour décider le cheval à sauter, il le fait sans brusquerie et sans bruit, c'est-à-dire en évitant de la faire claquer.

Le cheval ayant passé le premier obstacle le caresser avec soin, prendre les mêmes précautions pour le conduire sur le second.

Un homme à pied porteur d'une vanette d'avoine en fait manger au cheval après chaque saut.

Pour ne pas perdre de temps, il est bon d'avoir deux longes; un sous-officier attaché à l'instruction tient toujours un cheval prêt en face du premier obstacle.

Si les obstacles, au lieu d'être flanqués de deux côtés ne le sont que d'un seul, il est bien entendu que le cavalier doit toujours se placer du côté libre par lequel le cheval pourrait se dérober.

De cette façon, le cheval se trouve en face de l'obstacle, maintenu d'un côté par une limite artificielle et de l'autre par le cavalier; ce dernier ne se sert de la chambrière qu'autant que l'instructeur est impuissant à faire passer l'obstacle à l'aide de la longe.

Lorsque le premier cheval a reçu cette leçon sur les trois premiers obstacles, l'instructeur le fait monter par son cavalier, qui va reprendre sa place dans sa reprise formée en cercle.

Mettre pied à terre et renvoyer dès que tous les chevaux ont reçu successivement cette leçon.

2° jour.

La même leçon sur les trois derniers obstacles ; mêmes précautions et mêmes soins.

3° jour.

Faire passer tous les obstacles ; ne pas oublier de donner de l'avoine après chaque leçon.

Lorsque les chevaux arriveront franchement sur les obstacles à la simple indication d'une légère traction de longe, et que le cavalier ne sera plus indispensable pour les faire obéir, l'instructeur pourra alors commencer la deuxième série.

DEUXIÈME SÉRIE.

Le cheval ayant appris à sauter non monté, on devra lui faire répéter le même exercice avec un poids léger d'abord.

Dans ce but, l'instructeur choisira le cavalier le plus léger parmi ceux attachés au dressage ; il s'en servira pendant tout le temps que durera l'exercice de cette deuxième série.

Se conformer exactement à la progression et aux prescriptions indiquées dans la première série.

Ce travail ayant pour but d'habituer le cheval à s'enlever et à se recevoir de l'autre côté de l'obstacle avec un certain poids sur son dos , il est urgent que le cavalier ait assez de liant et de fixité pour ne pas se pendre aux rênes au moment où le cheval s'enlève et qu'il ne le saccade pas en arrivant à terre.

S'il devait en être ainsi , mieux vaudrait pour ne pas dégoûter le cheval à tout jamais, faire prendre le pommeau d'une main et croiser les rênes dans la main opposée.

TROISIÈME SÉRIE.

Marcher par un à vingt mètres de distance, et placer en tête un cheval dressé et habitué à sauter.

Prendre le galop et diriger la tête de colonne sur les obstacles.

Un sous-officier à pied, muni de la chambrière, se place à la hauteur du premier obstacle.

L'instructeur, dans les mêmes conditions, se place vers le milieu de la file des obstacles, de manière à bien voir tous ses chevaux et les classer ensuite d'après leur manière de faire.

L'instructeur et le sous-instructeur donnent les conseils qu'ils croient nécessaires aux cavaliers qui passent devant eux ; l'un et l'autre se servent de la chambrière dans un cas d'hésitation.

Cette première épreuve devra se faire sur les trois premiers obstacles seulement, la deuxième sur les trois derniers, et la troisième sur les six obstacles sans interruption.

La première épreuve terminée, l'instructeur classera ses chevaux de la manière suivante :

  1° Ceux qui sautent franchement;
  2° Ceux qui sautent mal ;
  3° Ceux qui refusent.

Les chevaux sautant franchement subiront les trois épreuves telles qu'elles sont indiquées plus haut.

La manière de faire de ceux qui sautent mal peut être envisagée sous deux points de vue bien différents : les uns sautent trop lentement, les autres trop vite.

Dans le premier cas il y a de l'hésitation, le cheval arrive trop près, s'enlève beaucoup du devant, et comme il n'a pas l'impulsion nécessaire, il arrive de l'autre côté sur les quatre pieds à la fois, le train postérieur touche souvent l'obstacle.

Les articulations inférieures, recevant tout le poids du corps comme s'il était lancé du haut en bas, sont violemment tiraillées ; on dit alors que le cheval saute sur le rein ; les tares les plus graves peuvent en résulter et mettre le cheval hors de service.

Ces chevaux, généralement paresseux, doivent être menés vigoureusement sur les obstacles et à une allure très-décidée. On devra les faire monter au besoin par un cavalier léger, adroit et énergique, et se contenter de leur faire passer un ou deux obstacles par jour, jusqu'à ce qu'ils aient assez de confiance , d'adresse et de force pour les passer tous sans interruption.

Le cheval qui arrive trop vite sur les obstacles s'enlève généralement peu ; il est très-dangereux sur ceux qui sont fixes, tels que murs ou barres. Il faut, dans ce cas, arriver au pas sur l'obstacle, caresser beaucoup , arrêter au besoin, et à 5 ou 6 mètres seulement donner au cheval la liberté nécessaire pour prendre son élan et calculer son saut. Prendre le pas aussitôt après, caresser de nouveau et recommencer avec les mêmes soins.

Si , malgré les précautions que nous venons d'indiquer, le cheval continuait à bourrer à la main, il faudrait reprendre le travail de la première série et donner un peu plus d'élévation aux obstacles afin de rendre le cheval un peu plus circonspect. Se servir alors de la barrière fixe à un mètre d'élévation et du mur en pierre.

Au bout de quelques jours, essayer de nouveau le cheval à la longe et monté. Si le défaut persiste, suspendre cet exercice momentanément et attendre que le cheval connaisse la bride pour le recommencer. Les moyens de conduite en bridon ne sont pas toujours suffisants pour régler le train de certains chevaux exceptionnellement énergiques et puissants.

Les raisons qui font qu'un cheval refuse de sauter sont extrêmement nombreuses et souvent fort difficiles à apprécier. Tel cheval, très-bien fait d'ailleurs, refuse l'obstacle ; tel autre, d'une conformation ingrate et de chétive apparence, saute dans la perfection.

Le caractère du cheval, son état de santé, sa vue, la nature de ses pieds, la manière dont il est sellé ou embouché, l'inexpérience, l'hésitation ou la brutalité des cavaliers employés au dressage; la nature, la position et le dégré d'élévation ou de largeur des obstacles, telles sont, en général, les causes variées qui peuvent donner lieu à la défense.

C'est à l'instructeur de bien observer et de baser ses exigences en s'appuyant sur une cause connue.

Agir autrement, c'est s'en rapporter complètement au hasard et courir le risque de ruiner le cheval avant de l'avoir dressé.

Pendant le travail en bride qui va suivre, les chevaux seront exercés à sauter des obstacles naturels. L'instructeur fera tous les huit jours une promenade extérieure dans un terrain suffisamment accidenté et reconnu d'avance.

Les moyens que les cavaliers devront employer pour conduire leurs chevaux sur les obstacles devront être indiqués de nouveau par l'instructeur. Il s'appliquera surtout à leur faire comprendre qu'on ne doit jamais faire sauter un jeune cheval avec la bride seule, mais bien avec le filet, ou sur les quatre rênes s'il est susceptible de se dérober ou de bourrer sur l'obstacle.

Nota. La longueur du travail de l'*entraînement progressif* qui précède, en ayant égard au temps habituellement consacré dans les régiments au dressage proprement dit des jeunes chevaux, pourrait donner lieu à une objection à laquelle nous répondrons : Que ce travail est destiné dans notre *méthode* à remplacer les promenades qui, dans les corps, suivent l'arrivée des chevaux de remonte, et dont on prolonge outre mesure la durée à notre avis. Un certain laps de temps est certes nécessaire pour acclimater les chevaux et éviter les suites de la transition trop brusque d'un régime alimentaire à un autre, mais c'est là tout. Le cheval normand qui nous arrive à l'âge de quatre ans, et qui, pour la plupart du temps a déjà rapporté par un travail modéré à l'éleveur le prix de sa nourriture, a certainement la force nécessaire pour supporter, à l'aide d'un régime tonique et fortifiant, le travail gymnastique dont nous avons parlé.

Outre l'exemple que nous avons des chevaux de course entraînés dès l'âge de deux ans et deux ans et demi, n'avonsnous pas maintes fois remarqué de jeunes chevaux venant dans les corps vers le moment d'un changement de garnison, faire une longue route et arriver à une nouvelle destination sains, vigoureux, et déjà à demi dressés.

Que, si l'on nous objecte encore la concordance de notre travail avec l'époque critique du jetage des gourmes, nous répondrons que le régime et le travail que nous prescrivons ne peut en aucune manière en rendre les suites plus fâcheuses, que les chevaux de course en sont un flagrant exemple, et qu'enfin il est laissé à la sagacité de l'instructeur de restreindre ou de supprimer même provisoirement ces épreuves pour les chevaux malingres ou souffreteux, mais ce sera là une bien faible minorité si l'on veut bien employer notre progression avec la sage lenteur que nous nous sommes appliqué à y maintenir.

TRAVAIL EN BRIDE.

Nous ne reviendrons pas sur toutes les précautions à prendre pour emboucher les chevaux ; il reste bien convenu qu'elles sont basées sur la conformation, le tempérament, le degré de sang ou le caractère irritable ou tranquille des chevaux en général.

Les chevaux qui nous occupent ayant tous, ou à peu près, la même provenance ou une origine commune, par conséquent le même degré de sang et le même caractère, on peut dire que l'embouchure des chevaux de troupe peut être uniforme sans inconvénient. Les rares exceptions sont indiquées par certaines conformations vicieuses et en particulier par la manière d'être de la tête et de l'encolure.

Ces idées générales bien comprises, nous nous occuperons d'une dernière considération, à laquelle tout bon instructeur doit s'attacher par dessus tout ; nous voulons parler de la manière de bien placer le mors dans la bouche du cheval et de fixer la gourmette.

Cette précaution est indispensable pour rendre la transition du bridon à la bride moins brusque ; elle est surtout commandée par la différence d'actions produites par ces deux embouchures. Le bridon, qui est un mors articulé, agit en grande partie sur la commissure des lèvres et sur leurs parties charnues ; ses actions sont rendues douces par les parties molles et élastiques sur lesquelles s'exerce son effet ; aussi, le cheval les accepte-t-il franchement ; le mors de bride produit une impression désagréable et pénible à tout cheval nouvellement embouché, son action s'exerce directement sur un os tapissé par la membrane buccale ; la forme de cet os peut varier, et par suite diminuer ou augmenter d'une manière considérable les effets du mors de bride.

Il en est de même de la gourmette qui agit sur la saillie plus ou moins proéminente du menton, dont la sensibilité peut varier encore en raison de la finesse ou de l'épaisseur de la peau en cet endroit.

Eu égard à toutes ces considérations, et dans le but de faire que le cheval s'aperçoive le moins possible de la transition d'un moyen de conduite inoffensif à une action aussi puissante que celle du mors de bride, nous conseillons d'emboucher les chevaux de la manière suivante :

Choisir un mors doux de préférence, c'est-à-dire les canons gros, la liberté de langue peu accusée, et la partie inférieure des branches courte depuis le canon jusqu'à l'anneau porte-rêne.

Le mors sera placé dans la bouche du cheval de manière à être plus rapproché des premières molaires inférieures que des crochets, la gourmette en sera tenue lâche pour favoriser un léger mouvement de bascule.

Dès qu'on s'aperçoit que les chevaux se livrent franchement sur le mors, et qu'ils acceptent cette nouvelle embouchure comme ils recevaient précédemment les effets du bridon, on peut, dans le cas où ils deviendraient lourds ou pesants à la main, descendre le mors en le rapprochant des crochets et donner un peu plus de tension à la gourmette. Cette dernière doit être toujours fixée avec beaucoup de soin pour éviter la douleur et la gêne qui résulteraient d'une saillie quelconque d'un ou de plusieurs de ses maillons portant de champ, au lieu d'être appuyés à plat sur la barbe.

Si cette manière de faire a quelquefois l'inconvénient de donner des bouches un peu senties, nous répondrons qu'il est plus facile d'assouplir une partie qui offre de la raideur que de donner de la fixité à celle qui manque de résistance.

Il n'est pas un homme de cheval qui ne convienne qu'il est préférable d'avoir à retenir un cheval que d'être obligé de le pousser. Le premier, naturellement franc, est toujours disposé à marcher droit devant lui, ses allures sont étendues et faciles. Le deuxième manque de franchise, par cela même que sa tête et son encolure manquent de fixité ; les actions de la main de la bride sont douteuses ou confuses, la conduite difficile, et les allures incertaines, saccadées et ralenties.

Manière de placer les rênes dans les deux mains pour la conduite à quatre rênes et pour les assouplissements.

Comme les assouplissements se font à l'aide de l'action isolée et combinée des quatre rênes, il est important d'indiquer la manière de les placer dans la main gauche, afin que le mécanisme en soit plus facile et pour éviter toute confusion d'action.

Pour faire placer les quatre rênes dans la main gauche,

en les supposant abandonnées sur l'encolure du cheval, l'instructeur prescrit aux cavaliers de prendre le filet par le milieu à pleine main avec la main gauche, et d'ajuster alors les rênes de bride dans cette même main sans avoir égard au filet, le second doigt, c'est-à-dire l'annulaire , entre les deux rênes de bride au lieu du petit doigt.

Faire placer la main gauche au-dessus du pommeau de la selle , à la position indiquée par l'ordonnance. De cette façon , les quatre rênes sont également tendues dans la main gauche ; le petit doigt sépare les deux rênes gauches et agit particulièrement sur la rêne du filet qui , par rapport à la rêne de bride du même côté , est extérieure et supérieure.

De la main droite , prendre la rêne droite du filet avec le petit doigt et l'annulaire réunis par-dessus la rêne de bride , et cette dernière avec le médium et l'indicateur également réunis ; en d'autres termes , deux doigts pour chaque rêne , celle du filet en dehors. Conserver cette main les ongles en dessous , le bras demi-tendu.

La conduite avec quatre rênes a l'avantage , en offrant au cheval l'appui du bridon qui lui est connu , de le conduire insensiblement et sans qu'il s'en doute , à l'action plus complexe du mors de bride agissant seul.

L'effet du bridon , dans ce cas , est de produire une espèce d'enrênement que le cavalier rend exigeant ou qu'il modère selon la circonstance et qui , s'opposant sans retard à tous les déplacements de la tête si communs chez les jeunes chevaux , encadre la tête et l'encolure dans le plan médian du corps.

Cette manière de tenir les rênes a en outre l'immense avantage d'inviter sans cesse le cheval à accepter avec franchise les effets associés du mors de bride et du filet.

Le cheval ainsi enrêné sera exercé au travail des leçons en bridon , le cavalier se servant des quatre rênes comme il se servait des rênes du bridon , c'est-à-dire deux pour l'ouverture et deux pour l'appui.

Lorsque les chevaux exécutent régulièrement les à-droites , les à-gauches , les changements de main successifs et individuels , la marche circulaire au pas et au trot, et qu'ils ne manifestent aucun signe d'impatience provoqué par les effets du mors , l'instructeur fait répéter le même travail avec la bride seule , une rêne dans chaque main , comme les rênes du bridon.

Enfin , le cheval ayant appris à tourner dans toutes les directions , au moyen de l'ouverture d'une rêne et de l'appui de la rêne opposée , l'instructeur , pour la troisième fois , fera répéter les à-droites , les à-gauches , les changements de main et la marche circulaire , le cavalier tenant les rênes de la bride dans la main gauche ; dans un moment d'hésitation , on reprendrait les rênes de bride dans les deux mains , de manière à agir avec elles soit par ouverture soit par appui.

Des assouplissements.

Les assouplissements ont pour premier but de rendre la tête légère sur l'encolure , d'habituer cette dernière à se détendre droit devant elle pour favoriser la locomotion , particulièrement les allures vives , et à revenir sur elle-même en se rouant supérieurement , pour les mouvements cadencés ou raccourcis , pour les ralentissements ou changements d'allures et pour les arrêts.

Abandonné à lui-même, le cheval se déplace habituellememt de quatre manières différentes : en avant, en arrière , à droite et à gauche.

Il en est de même de l'encolure et de la tête du cheval ; leurs mouvements dans les directions que nous venons d'indiquer précèdent toujours ceux de l'ensemble du corps , et leurs diverses attitudes favorisent l'exécution des mouvements dans le sens commandé.

Nous avons dit que les quatre mouvements naturels de la tête et de l'encolure se faisaient en avant , en arrière, à droite et à gauche. Il suffit d'examiner les mouvements d'un cheval en liberté pour se convaincre de ce résultat, en effet :

Le premier de ces mouvements a lieu toutes les fois que le cheval veut accélérer son allure ; il est d'autant plus marqué que la vîtesse est plus grande. Dans ce cas , l'encolure s'allonge, devient droite, rigide , et à mesure que la tête s'éloigne du tronc elle se redresse sur son axe articulaire dans le sens de l'encolure afin de rendre la respiration plus facile.

Qne le cheval agisse d'après ses propres instincts ou qu'il soit sollicité par son cavalier, les choses se passent exactement de la même manière. Cette vérité acquiert surtout son évidence lorsqu'on examine un cheval lancé avec toute sa vîtesse sur un hippodrome.

Le mouvement rétrograde de l'encolure est utilisé toutes les fois que le cheval veut ralentir son allure ou s'arrêter. La tête alors se rapproche plus ou moins de la position verticale, et à mesure qu'elle revient vers le tronc, l'encolure se roue et sa partie supérieure s'élève.

Le cheval de manège travaillant aux allures ralenties, ou se maniant aux différents airs relevés des allures artificielles, ne saurait prendre le tride ni la cadence qui conviennent à ces mouvements si son encolure ne pouvait revenir sur elle-même.

Il suffit d'ailleurs, pour trouver une application toute naturelle de cette théorie, de suivre les mouvements d'un cheval en liberté ou d'un étalon au moment de la monte. Dans l'un et l'autre cas le cheval se grandit, on dit vulgairement qu'il fait le beau, ses mouvements gagnent en élévation ce qu'ils perdent en étendue et son encolure est rouée en col de cygne.

Il est tout aussi facile de se rendre compte des mouvements latéraux de la tête : en effet, que fait le cheval en liberté lorsqu'il veut changer de direction? Il déplace sa tête sur le haut de son encolure pour voir et explorer le terrain qu'il va parcourir.

Par l'étude du squelette, nous voyons que les pièces

articulaires qui unissent la tête à l'encolure sont admirablement disposées pour ce but.

L'occipital, situé à la partie supérieure de la tête, présente postérieurement deux condyles, reçus dans deux cavités appropriées appartenant à la première vertèbre ; cette articulation permet l'extension, la flexion et de très légers mouvements par côtés. Si nous examinons maintenant l'articulation de la première vertèbre avec la seconde, nous voyons un pivot puissant les réunir et permettre tous les mouvements de rotation : ce qui revient à dire, que les mouvements de la tête sur le haut de l'encolure sont dûs à l'action associée des deux articulations précitées ; la première particulièrement applicable à l'extension et à la flexion, et la seconde aux mouvements latéraux et de rotation. Nous n'irons pas plus loin dans l'étude des vertèbres en particulier, mais nous terminerons par une réflexion sur la colonne vertébrale considérée dans son ensemble et dans ses fonctions.

Dans son ensemble, la colonne vertébrale représente un long levier sur lequel viennent se rallier directement ou indirectement toutes les pièces osseuses qui supportent le corps et les masses charnues destinées à le mouvoir. La tige vertébrale offre quatre parties à considérer : deux points fixes ou centres de mouvements, et deux parties mobiles destinées aux attitudes diverses du corps, de pied ferme ou en mouvement.

Les deux points fixes sont le sacrum et le garot, et les deux parties mobiles le point de réunion des vertèbres du rein et du dos, suffisamment indiqué par la dernière fausse côte, et enfin la partie supérieure de l'encolure, comme nous l'avons déjà dit, destinée à mouvoir la tête sur le tronc.

Si le cheval peut rapprocher ses quatre membres sous le corps, ou les éloigner les uns des autres en dépassant de beaucoup en avant ou en arrière la ligne des aplombs, et s'il peut, pour porter la tête vers les hanches, ployer son corps presque en cerceau, c'est incontestablement à la disposition de sa colonne vertébrale et à la grande mobilité dont elle jouit vers la dernière fausse côte, que l'on doit attribuer la possibilité des attitudes que nous venons de signaler.

En prenant la dernière vertèbre dorsale comme le point central le plus mobile de la colonne vertébrale depuis le garrot jusqu'au sacrum, qui remplissent ici l'office de deux culées résistantes sur lesquelles s'appuie directement cette tige flexible, nous dirons que la flexibilité de cette région devra être décroissante en sens inverse depuis le point central, et pour ainsi dire nulle dans le voisinage du garrot et du sacrum.

Il est du reste facile de se convaincre du volume décroissant des vertèbres dorsales depuis le garrot jusqu'à la dernière fausse côte et de celui des lombaires depuis le sacrum jusqu'à la dernière vertèbre de cette région.

En appliquant cette théorie à la région cervicale qui a pour destination, par les diverses attitudes qu'on peut lui faire prendre, de répartir l'ensemble du poids du corps tantôt sur l'avant-main et tantôt sur le train postérieur, ou bien encore sur les bipèdes latéraux droits ou gauches , comme préparation à un mouvement ou à une allure commandée , nous arrivons à la conclusion suivante : la tête et les deux premières vertèbres de l'encolure sont les seules parties de la région cervicale que l'on doive assouplir.

Les cinq vertèbres cervicales qui suivent sont articulées de manière à avoir des mouvements possibles dans tous les sens , mais extrêmement bornés.

Comme dans les régions du dos et du rein , la flexibilité de cette partie sera sensiblement décroissante de la troisième à la dernière vertèbre. S'il en était autrement, les deux premières vertèbres n'auraient pas un appui suffisant pour régulariser les mouvements de la tête ; le poids de cette dernière, agissant sans cesse sur un levier impuissant à le bien soutenir, abaisserait infailliblement tôt ou tard l'encolure qui , trop flexible et trop mobile, serait incapable de réagir sur le train postérieur pour en régler le mouvement.

Il ne faut que monter une seule fois un cheval dont toute l'étendue de l'encolure a été soumise à des assouplissements latéraux , qui amènent la tête jusqu'à la botte du cavalier, pour bien se rendre compte des énormes difficultés qu'il présente dans sa conduite.

Pour nous, l'encolure est un gouvernail qui commande et règle tous les mouvements du cheval ; elle est de plus un balancier puissant, puisque, suivant qu'elle se détend, ou qu'elle revient sur elle-même, la quantité de poids qu'elle entraîne vers les épaules ou qu'elle fait refluer vers les hanches, est la cause efficiente de l'augmentation et du ralentissement des allures.

C'est en vue de donner à l'encolure cette résistance élastique qui convient à ces deux importantes fonctions, que les assouplissements qui suivent ont été indiqués.

Nous diviserons les assouplissements en quatre séries bien distinctes : la première série comprendra les déplacements latéraux de la tête sur l'encolure et son placé vertical sur le plan médian du corps. La deuxième, l'extension et le redressement de l'encolure sur le tronc. La troisième, les descentes de main latérales à droite et à gauche et le redressement de la tête en arrière à droite et en arrière à gauche. La quatrième, répétition du travail précédent en insistant sur les assouplissements commandés soit par le défaut d'instruction du cheval, soit par l'ensemble de sa conformation.

MÉCANISME.

1re SÉRIE.

Les quatre rênes étant placées dans la main gauche, prendre la rêne droite du filet avec la main droite à pleine main et éloigner les poignets l'un de l'autre par côté en les faisant glisser sur les rênes ; serrer les doigts et placer les deux mains comme pour la position en bridon à l'école du cavalier. De cette manière, les rênes de bride sont toujours ajustées dans la main gauche, mais les rênes du filet sont plus courtes de quelques centimètres. Cette façon de tenir les rênes sera indiquée au cavalier pour le saut des obstacles, pour résister aux défenses en place d'un cheval rétif, pour combattre l'hésitation si habituelle d'un jeune cheval à la vue d'objets qu'il voit pour la première fois ; elle convient également pour les assouplissements qui suivent :

Flexions de la tête à droite et à gauche.

Pour fléchir la tête à droite, tirer lentement et moelleusement sur la rêne droite dans la direction de l'épaule droite à la hanche gauche ; la rêne gauche régularise et limite le déplacement de la tête, et les deux mains se fixent au moment où il est effectué en attendant la mobilité de la mâchoire.

Le déplacement latéral de la tête ne devra jamais dépasser le plan qui, parallèle à la ligne médiane du corps, passerait par la pointe de l'épaule.

Si la tête se baisse, élever les deux poignets en sciant légèrement du filet ; si le cheval persiste en plongeant ou bourrant à la main, scier énergiquement d'abord, puis lentement, et cela pendant toute la durée de la résistance.

Le cheval, surpris par des actions brusques des mains lève quelquefois la tête d'une manière désordonnée ; on doit alors recommencer et employer plus de moelleux.

Si le bout du nez se déplace seul et que le haut de la tête reste à gauche, il faut, pour redresser la tête, agir sur la rêne gauche de bas en haut, et en avançant un peu le poignet gauche, de manière à donner à cette rêne une action presque verticale.

La tête haute, verticale, et la mâchoire mobile, tel est le résultat à obtenir ; caresser aussitôt et demander le déplacement de la tête à gauche.

Mettre les cavaliers en cercle à droite pour le déplacement de la tête à droite ; faire arrêter et ranger les hanches avec la jambe gauche pour changer de main. Exécuter le même travail à main gauche. Afin de mieux surveiller l'instruction, l'instructeur se place au centre du cercle.

Le placé de la tête sur le plan médian s'obtient à l'aide des deux rênes également tendues et une pression bien égale des deux jambes.

Exécuter ce travail aux deux mains ; demander souvent, ne pas prolonger les exigences et caresser chaque fois que le cheval obéit.

Les premiers assouplissements s'exécutant correctement avec le bridon, les répéter avec les deux rênes du même côté, également tendues. Exécuter ce travail d'abord sur le cercle, ensuite sur la ligne droite et le continuer sur une ligne de deux pistes aux deux mains.

Même travail avec les rênes de bride seules. Les assouplissements seront demandés d'abord au pas et ensuite au petit trot.

2ᵉ SÉRIE.

Extension et flexion de l'encolure sur le plan médian.

Le cavalier tenant les quatre rênes dans la main gauche comme il est prescrit plus haut, agira de manière à étendre l'encolure de toute sa longueur suivant le plan médian du corps.

Ce résultat sera facile à obtenir à l'aide du mécanisme suivant, qui consiste à diviser les appuis sur les quatre rênes ainsi qu'il suit :

1° Action alternative sur la rêne droite du filet avec la main droite, et sur la rêne gauche avec le petit doigt de la main de la bride.

2° Action alternative sur les deux rênes droites et sur les deux rênes gauches.

3° Action directe et simultanée sur la rêne droite du filet avec les deux derniers doigts de la main droite et sur la rêne gauche de bride avec les deux premiers doigts de cette main.

4° Action directe et simultanée sur la rêne droite de bride avec les deux derniers doigts de la main droite et sur la rêne gauche du filet avec les deux premiers doigts de la même main.

5° Action directe et simultanée sur les deux rênes du filet, la gauche tenue par les deux premiers doigts et la droite par les deux derniers de la main droite.

Nota. == Cette dernière action se fera en élevant la main droite verticalement au-dessus du pommeau ou en la rapprochant du corps sur un plan horizontal, selon la position basse ou élevée de la tête et de l'encolure.

6° Action simultanée sur les deux rênes de bride en prenant la position du mouvement préparatoire d'ajuster les rênes d'après l'ordonnance, et promenant la main gauche sur ces deux rênes maintenues d'une manière fixe par la main droite qui les tient au bouton coulant.

7° Actions simultanées : 1° rêne droite de filet et des deux rênes de bride ; 2° rêne gauche de filet et deux rênes de bride; 3° rêne droite de bride et deux rênes de filet ; 4° rêne gauche de bride et deux rênes de filet.

Dans les mouvements qui précèdent, le rôle assez complexe de la main droite demande de l'adresse et du tact, et peut se comparer pour ainsi dire au doigté d'une main se promenant sur les cordes ou le clavier d'un instrument.

Cette alternative d'actions entrecroisées décide bientôt le cheval à céder de la mâchoire, à allonger la tête et progressivement l'encolure pour retrouver le contact du mors auquel il est habitué. Le cavalier suit le mouvement de la tête et de l'encolure en portant les mains en avant et en continuant toujours le même mécanisme des rênes afin de ne pas laisser la mâchoire se raidir. Il est important de signaler au cavalier la faute grave que l'on commet en rendant subitement de la main au premier signe d'obéissance, pour engager le cheval à céder. Abandonné à lui-même, le cheval baisse la tête brusquement ou la déplace par côté et finit bientôt par battre à la main. Il faut suivre le mouvement de la tête en conservant toujours les rênes plus ou moins tendues pour ne pas laisser le cheval dans le vide; se contenter de peu les premières fois et caresser souvent pour recommencer de nouveau.

L'extension de l'encolure sera suffisante et bien exécutée toutes les fois que, sans augmenter ni ralentir l'allure, le cheval rapprochera le bout du nez de terre en avant, à la hauteur des genoux environ, et que la mâchoire sera mobile.

Ce premier résultat obtenu, élever les mains par degrés et lentement pour ramener la tête et l'encolure à la position normale.

Exécuter ces mouvements aux deux mains au pas et au trot, sur la ligne droite, la ligne courbe et de deux pistes.

Ces deux mouvements ont pour but de donner du liant à l'encolure, de l'habituer à se détendre pour favoriser la locomotion et à revenir sur elle-même pour ralentir, arrêter ou grandir les mouvements du cheval.

Ne pas craindre de les employer fréquemment avec les chevaux trop hauts du devant et à encolure haute et renversée, surtout si le train postérieur, qui est généralement écrasé, est taré ou prédisposé aux tares.

En être très-sobre avec les chevaux hauts du derrière qui ont généralement le jarret droit, surtout si le garrot est bas et noyé, les épaules droites et sans mouvements, l'encolure courte, grêle, et la tête forte.

Avec les chevaux d'une conformation régulière, s'arrêter à point est le côté difficile de cette instruction comme de tous les assouplissements en général. Il est préférable de rester en arrière du résultat que de le dépasser; l'abus des assouplissements ayant l'inconvénient de mettre le cheval en arrière de la main et souvent de l'encapuchonner.

Les assouplissements seront généralement demandés en mouvement ; on ne saurait trop recommander aux cavaliers d'associer l'action des jambes aux effets des rênes pour neutraliser l'action rétrograde de ces dernières et entretenir le cheval dans son allure.

La descente de main peut encore s'obtenir de la manière suivante : prendre les deux rênes du filet également tendues avec la main droite, les ongles en dessous et agir sur ces deux rênes en élevant verticalement la main au-dessus de l'encolure. La tête s'étant élevée à un degré convenable, baisser lentement la main droite et agir horizontalement d'avant en arrière avec la main de la bride. Comme dans le travail précédent suivre le mouvement de l'encolure en conservant les rênes légèrement tendues.

Pour redresser la tête et relever l'encolure, les deux mains agissent l'une après l'autre, lentement et de bas en haut.

3e SÉRIE.

Descentes de mains latérales et redressement de la tête en arrière à droite et en arrière à gauche.

Les descentes de main et le redressement de l'encolure sur le plan médian ayant pour but, en amenant le poids tantôt sur l'avant-main et tantôt sur le train postérieur, de favoriser puissamment les augmentations, ralentissements on changements d'allure, les arrêts et le reculer, on ne saurait trop s'attacher à leur parfaite exécution avant de commencer les descentes de main latérales.

Les descentes de main latérales ont pour but d'habituer l'encolure à se détendre dans le sens des bipèdes diagonaux pour faciliter le galop sur tel ou tel pied. Avec les chevaux dont le galop est trop élevé du devant, il est important d'obtenir ces déplacements d'encolure pour dégager le train postérieur qui est souvent écrasé.

Dans le cas où un cheval galopant à droite éprouve de la gêne à entretenir son allure, que le galop est pénible, saccadé et très-près de terre du train postérieur, les hanches sont écrasées ; les descentes de main latérales sont indispensables pour donner l'élévation qui convient à l'arrière-main pour harmoniser le mouvement.

L'excédant de poids amené vers les hanches oblige le cheval à un trop grand emploi de force, d'abord pour soulever la masse et ensuite pour la projeter en avant. Que cette attitude soit le résultat d'une conformation particulière au cheval, ou qu'elle naisse de l'inintelligence dans l'emploi des aides, les résultats sont les mêmes : force employée en pure perte, ralentissement de l'allure et comme dernière conséquence de cette position, cause déterminante d'usure dans les membres postérieurs.

Si ce vice de position n'est que la conséquence de la maladresse du cavalier, qui, avec une main trop haute, agit avec force ou avec raideur, on peut presque instantanément retrouver l'harmonie de l'allure en recommandant au cavalier d'avoir la main souple, de la rapprocher du pommeau, d'alonger sensiblement les rênes et de continuer toujours la même action des jambes.

Mais lorsque ce vice de position tient à la conformation du cheval, qui est beaucoup trop élevée du devant par rapport au derrière et dont l'encolure est haute et renversée, il est indispensable de se servir de l'encolure comme d'un balancier pour soulager les hanches : tel est le but de ces descentes de main.

Mécanisme.

Pour obtenir la descente de main latérale à droite par exemple, le cavalier tenant les quatre rênes comme il a été prescrit, place son cheval à droite et provoque la mobilité de la mâchoire en divisant les appuis sur l'embouchure. Dès que l'encolure se détend, le cavalier suit le mouvement de la tête en maintenant la rêne droite légèrement tendue pour que le déplacement ait lieu dans la direction du plan diagonal qui passerait par la hanche gauche et l'épaule droite.

Les premières fois qu'on demande cette descente de main il faut se contenter de peu, caresser souvent et recommencer les jours suivants jusqu'à ce que le bout du nez arrive en avant et à hauteur des genoux ; répéter le même travail à main gauche.

Les descentes de main latérales doivent se demander au pas et au petit trot sur des lignes droites, des lignes courbes et de deux pistes. On ne devra les exécuter au galop que lorsque les chevaux seront bien confirmés dans les deux premières allures. On peut, exceptionnellement, les exécuter de pied ferme avec des chevaux à encolure massive, tête lourde et mal attachée.

Les descentes de main s'exécutant correctement avec

le filet et avec les deux rênes du même côté, on devra les répéter avec les rênes de bride seules.

Le redressement de la tête en arrière à gauche a pour but de charger le bipède latéral gauche et de favoriser le lever et l'extension des membres droits qui, dans le travail à main droite, doivent être les premiers engagés dans cette direction.

Le placé de la tête à gauche et en arrière à droite charge le bipède latéral droit et facilite le lever et l'extension des membres gauches.

Cette instruction donnée au cheval est particulièrement applicable aux mouvements de deux pistes, départs au galop et changements de pied.

Mécanisme.

Comme pour les descentes de main sur le plan médian, le cavalier se servira d'abord des quatre rênes. Le cheval étant placé à droite élever les deux mains au-dessus du pommeau, en arrière à gauche, pour amener la tête et la partie supérieure de l'encolure dans cette direction. Le déplacement de droite à gauche charge l'épaule gauche, et l'action d'avant en arrière donnée aux rênes amène une partie de ce poids vers la hanche gauche.

Le déplacement de la tête à gauche et en arrière à droite s'exécute suivant les mêmes principes et par les moyens inverses.

Les mouvements par côté de la tête s'obtiennent assez facilement ; il n'en est pas toujours de même lorsqu'il s'agit de relever et de déplacer la partie supérieure de l'encolure dans la direction des bipèdes latéraux droit ou gauche. L'attache de la tête, son volume et celui de l'encolure doivent être pris en considération.

Il arrive aussi quelquefois que le cheval se fixe sur le mors, et qu'il a plutôt une tendance à plonger sur la main qu'à redresser légèrement la tête ; il ne comprend pas.

Il faut dans ce cas, sans augmenter ni diminuer le degré de tension donnée aux rênes, diviser les appuis sur l'embouchure de la manière suivante : rêne droite de filet et rêne gauche de bride agissant ensemble ; répondre aussitôt par l'action simultanée de la rêne gauche du filet et de la rêne droite de la bride.

Le cheval ne tarde pas à relâcher la mâchoire et avoir la tête légère, c'est alors qu'elle s'élève et que le cavalier lui donne l'attitude demandée.

Le poids de l'assiette, sur l'une et l'autre fesse, doit être subordonné aux mouvements de l'encolure et concourir à la répartition du poids sur tel ou tel bipède.

L'action des jambes doit être en parfaite harmonie avec les aides supérieures pour placer et pour maintenir les hanches à la position voulue.

Comme règle, l'action combinée des rênes et des jambes a lieu comme les allures du cheval, c'est-à-dire en diagonale ; ce qui revient à dire que tout déplacement de la tête, à gauche par exemple, nécessite une action plus marquée de la jambe droite que de la jambe gauche ; et vice versâ.

Le mécanisme des aides étant bien connu, on devra le mettre en pratique dans les leçons de dressage qui suivent.

Comme préparation à ce nouveau travail, il est urgent de bien habituer les chevaux aux différents effets du mors de bride. C'est pourquoi nous conseillons d'exécuter avec les quatre rênes tout le travail à l'intérieur prescrit aux leçons en bridon, et de le répéter une seconde fois avec les rênes de bride seules, une dans chaque main, comme les rênes du bridon.

Le dressage qui suit sera entrecoupé, tous les huit jours, d'une promenade à l'extérieur dans un pays accidenté pour bien confirmer les chevaux dans le saut des obstacles naturels.

1re LEÇON.

Diviser les cavaliers en deux reprises s'ils sont plus de quinze ; les mettre en cercle à droite. — Assouplissements en marchant (1re série). — Avec le filet d'abord et ensuite avec les deux rênes du même côté. Arrêter et ranger les hanches avec la jambe gauche.

Même travail à main gauche. Arrêter et ranger les hanches avec la jambe droite. — Marcher large, repos.

Volte individuelle — Contre-changement de main suc-

cessif; les chevaux droits. — Arrêter, le cheval bien
droit, les quatre membres dans la ligne des aplombs
naturels et la tête plutôt haute que basse. — Repartir.
— Changement de main successif (les chevaux droits).
Repos.

Même travail à main gauche; se remettre à main droite;
Caresser. — Repos.

Travail au trot.

Les cavaliers marchant au trot, assouplissements de la
première série sur la ligne droite. — Marcher au pas. —
Repos. — Reprendre le trot. — Allonger l'allure sans
excès pendant deux tours de manège au moins. — Reprendre le trot ordinaire. — Volte individuelle. — Marcher au pas en rentrant sur les pistes. — La tête au mur
(3 ou 4 pas). — Redresser et repartir au trot. — Augmentation et ralentissement de l'allure. — Doublé dans
la longueur. — Changement de main individuel (les
chevaux droits). — Au pas. — Repos. — Caresser.

Même travail à main gauche.

Se remettre à main droite, repos.

Pour terminer :

Ranger les hanches à gauche et à droite. — Activer le
mouvement des hanches, dès qu'il est commencé, en se
servant de la cravache en arrière de la botte et se porter
en avant aussitôt. Arrêter et repartir. — Doubler individuellement. — Mettre pied à terre à gauche et à droite.
Ne pas permettre aux cavaliers de jouer avec leurs che-

vaux dans le but de les rendre plus dociles ou plus familiers. Les défenses les plus opiniâtres sont souvent dues à de petites taquineries qui , dans le principe, provoquent certains actes de gentillesse de la part des chevaux.

La caresse et le châtiment sont deux aides puissantes que tout bon instructeur doit s'attacher à bien faire comprendre aux cavaliers employés au dressage.

En général, la caresse doit suivre tout mouvement bien exécuté, et pendant le dressage tout acte de bonne volonté de la part du cheval.

Le châtiment devra naître et finir avec la faute commise ; plus tôt, il la provoquerait ; plus tard, le cheval ne discernerait pas l'opportunité de la correction.

Il est souvent utile, avec les jeunes chevaux, de faire quelques temps de trot aux deux mains pour calmer la gaîté ou l'énergie de quelques-uns d'entre eux qui, sans cette précaution ne profitent pôint de la leçon qu'on leur donne, mettent le désordre dans la reprise et finissent tôt ou tard par devenir des chevaux difficiles.

2me LEÇON.

Mettre les cavaliers en cercle à droite. — Assouplissements de la première série comme dans la première leçon, plus les déplacements de la tête avec les rênes de bride seules. — Assouplissements de la 2ᵉ série. — L'épaule en dehors, l'épaule en dedans. — Redresser. Demi-pirouette à droite. — Repos. — Caresser.

Même travail à main gauche.

Se remettre à main dr ite par une demi-pirouette à gauche. — Marcher large. — Repos.

Sur la ligne droite, assouplissements des deux premières séries.

La tête au mur (2 ou 3 pas). — Ranger les hanches avec la jambe gauche. — Demi-pirouette à gauche pour se remettre à main droite. — Descentes de mains. — Arrêter. — Se porter en avant. — Changement de main successif en donnant des hanches, vers la fin du mouvement seulement. — Assouplissements de la première série sur la ligne de deux pistes. (La ligne de deux pistes est celle que l'on parcourt en appuyant la tête ou la croupe au mur ou en exécutant un changement de main en tenant les hanches.

Même travail à main gauche. — Se remettre à main droite par une demi-pirouette ordinaire ou renversée. — Repos.

Travail au trot.

Répéter exactement le travail précédent, en ayant soin de faire toujours prendre le pas pour ranger les hanches et pour exécuter les demi-tours sur le train postérieur.

Pour terminer :

Augmentation et ralentissement de l'allure du trot sur les lignes droites, avec la bride seule. Si le cheval est lourd à la main, s'il baisse la tête ou si l'encolure sort de la ligne médiane du corps, ralentir l'allure et se servir des quatre rênes pour diviser les appuis sur l'embouchure; reprendre le pas au besoin et revenir sur la première série des assouplissements.

Ce travail se fera à volonté, l'instructeur indiquera la nuance de l'allure qui devra être ralentie, soutenue ou allongée. Les changements d'allure et les changements de main devront être fréquents, les cavaliers ayant soin de les exécuter sur des diagonales longues et de maintenir les chevaux bien droits.

L'augmentation et le ralentissement des allures, les changements d'allures, les arrêts et les départs doivent être considérés comme la base d'une bonne instruction. Ils établissent l'harmonie entre l'arrière-main qui produit le mouvement et l'avant-main qui règle l'impulsion : de cette harmonie résultent la régularité, l'étendue et la facilité des mouvements du cheval.

La croupe au mur avant de renvoyer. Ce mouvement se demande habituellement après le passage du second coin, il est exécuté par chaque cavalier successivement.

Le cheval ayant appuyé quelques pas seulement la croupe au mur, redresser et caresser. Mettre pied à terre à gauche et à droite et renvoyer.

3me LEÇON.

—

Les cavaliers marchant à main droite. — Individuellement la tête au mur (7 à 8 mètres). — Redresser et aussitôt la tête au mur. — Ranger les hanches avec la jambe gauche pendant le mouvement d'appuyer.

Même travail à main gauche. — Ranger les hanches avec la jambe droite pendant le mouvement d'appuyer.— Repos. — Caresser.

Marcher en cercle à droite. — Assouplissements de la troisième série. (Descente de main latérale à droite). — Demi-pirouette à droite pour marcher à main gauche. — Même travail à main gauche. — Se remettre à main droite en faisant exécuter une demi-pirouette à gauche. — Marcher large. — Arrêter sur la piste des grands côtés. — Premiers principes du rassemblé expliqués par l'instructeur. — Caresser. — Marcher. — Repos.

Travail au trot.

Faire compter par trois, les n°° 1 seront conducteurs de reprises. Doublé individuel pour les conducteurs de reprises, les n°° 2 et 3 passent exactement par les mêmes points que les conducteurs.

En arrivant à la piste opposée ; les conducteurs en cercle. — Après avoir parcouru le cercle deux fois marcher large. — Volte individuelle pour les conducteurs de reprises de trois. — La tête au mur en rentrant sur les pistes (4 ou 5 mètres). — Redresser.

Doublé par trois dans la longueur ; toute la reprise étant déployée dans la longueur du manège, et la première reprise de trois étant près d'arriver à la piste des petits côtés, volte individuelle. Ce mouvement terminé, demi-volte individuelle. —La demi-volte exécutée, la dernière reprise de trois devient tête de colonne ; au moment où cette reprise arrive à l'extrémité du manège, volte individuelle, et demi-volte individuelle pour revenir à main droite.

Répéter le doublé par trois dans la longueur pour remettre la reprise dans l'ordre naturel ; répéter aussi les voltes et les demi-voltes dans la longueur.

Changement de main individuel par trois. — Même travail à main gauche. — Se remettre à main droite.

Les cavaliers marchant au pas sur les grands côtés, arrêter, rassembler. — Caresser. — Repartir. — Repos.

Contre-changement de main successif d'abord par les numéros pairs et ensuite par les numéros impairs. — Contre-changement individuel par trois. — Les conducteurs de reprises de trois en cercle (2 tours de cercle). — Volte par les mêmes conducteurs. — La tête au mur en rentrant sur les pistes. — Redresser et doubler dans la longueur. — Demi-volte successive en sens inverse.

Même travail à main gauche. — Se remettre à main droite. — Arrêter. — Rassembler. — Repartir. — Repos.

Augmentation et ralentissement de l'allure du trot (descentes de main à volonté). — Passer du trot au pas. — Repartir au trot. — Passer du trot à l'arrêt. — De pied ferme partir au trot. — Arrêter. — Ranger les hanches à droite et à gauche. — Demi-volte successive et renversée. Même travail à main gauche.

Pour terminer :

Les cavaliers marchant à main droite faire doubler les

distances. — Arrêter. — Ranger les hanches avec la jambe gauche ; au moment où les hanches se jettent en dedans, ajouter à l'action de la jambe gauche le pincé délicat mais franc de l'éperon gauche. — Porter en avant aussitôt. — Faire une descente de main et caresser. Après un tour de manège au moins, ranger les hanches de la même manière avec la jambe droite.

Employé de cette manière, l'éperon a pour but de rendre le cheval plus franc et plus fin à l'action des jambes. Il est important de ne pas laisser l'éperon dans le poil, mais bien de le retirer aussitôt, sauf à renouveler son emploi d'une manière plus énergique si le cheval y répond mollement ou s'il ne se porte pas franchement en avant après le mouvement des hanches.

Dans le cas où le cheval résiste à la jambe ou à l'éperon, il faut revenir à l'emploi de la cravache en arrière de la botte. L'emploi de l'éperon sera toujours calculé en raison du tempérament du cheval. On devra en être très-sobre surtout avec les juments et les chevaux irritables ou nerveux, et ne pas craindre d'en user avec ceux d'un tempérament mou et lymphatique.

4me LEÇON.

—

Assouplissements des deux premières séries sur les trois lignes convenues, aux deux mains, au pas et au trot.

Passer du trot au pas, du pas à l'arrêt. — Reculer (2 ou 3 pas). — Départ au trot pendant le mouvement du reculer. — Passer du trot à l'arrêt. — De pied ferme partir au trot. — Arrêter. — Reculer. — Se porter en avant au pas. — Ranger les hanches avec la jambe gauche.

Même travail à main gauche.

Aux deux mains, augmentation et ralentissement de l'allure du trot et du pas. — Descentes de mains latérales et sur le plan médian à volonté. — Marcher à main droite au pas. — Repos. — Caresser.

Travail au trot.

Volte individuelle. — Marcher au pas en rentrant sur les pistes. — Arrêter. — Rassembler sur la rêne gauche : On rassemble sur la rêne gauche, c'est-à-dire la tête à gauche, pour tout travail à main gauche et pour le départ au galop à gauche. On rassemble sur la rêne droite, c'est-à-dire la tête à droite pour le travail à main droite et pour le départ au galop à droite. On rassemble sur les deux rênes c'est-à-dire la tête droite, pour tout travail sur les lignes droites, au pas ou au trot. Pour rassembler sur la rêne gauche, agir diagonalement sur la rêne gauche du filet pour déplacer la tête de côté, et d'avant en arrière sur les rênes de bride pour fixer la tête dans cette position. Dans ces différents mouvements il reste entendu que les jambes doivent conserver avec les aides supérieures l'accord et la solidarité dont nous avons parlé plus haut. Mécanisme inverse pour rassembler sur la rêne droite. Dans le rassemblé ordinaire la tête doit rester sur la ligne médiane du corps.

Redressement de la tête en arrière à droite. — Marcher au pas. — Départ au trot. — Mêmes mouvements sur la

grande piste opposée. La croupe au mur (2 ou 3 pas.) —
Redresser. — Demi-volte individuelle.

Même travail à main gauche. — Se remettre à main
droite. — Repos.

En cercle à droite. — Au trot. — Au pas. — Arrêter. —
Départ au trot. — Au pas. — Rassembler sur la rêne
droite. — L'épaule en dehors. — Redresser. — Marcher
au trot. — Au pas. — Arrêter. — Départ au trot. — Au
pas. — Rassembler sur la rêne gauche. – L'épaule en
dedans. — Redresser. — Marcher large la tête au mur ;
le conducteur ayant appuyé pendant sept à huit mètres,
successivement la croupe au mur, quatre ou cinq mètres
seulement et redresser. — Repos.

Départ au trot. — Individuellement en cercle. — Après
un ou deux tours, au pas ; demi-pirouette à droite. —
Départ au trot. — Marcher au pas. — Demi-pirouette à
gauche. — Marcher large au trot. — Doubler par trois
dans la longueur. — Répéter les voltes et les demi-voltes
prescrites dans la troisième leçon.

Demi-volte individuelle au trot, qu'on devra exécuter de
la manière suivante : prendre le pas sur la ligne du milieu, départ au trot sur la diagonale. — Marcher au pas
en rentrant sur les pistes. — Repos.

Même travail à main gauche.

Pour terminer :

Mettre les cavaliers en cercle à droite et faire doubler
les distances. — Marcher au trot. — Partir au galop à

droite. — Descente de main latérale à droite. — Reprendre le trot et le pas. — Repos. — Caresser ; répéter les mêmes mouvements. Marcher large au galop. — Descente de main latérale à droite à volonté. Après deux tours de manège au moins, reprendre le trot et le pas. — Même travail à maiu gauche. Repos.

Pour faire le départ au galop à droite sur la diagonale, mettre les cavaliers en cercle à droite à l'extrémité du manège; à l'indication de l'instructeur, chaque cavalier successivement quitte le cercle au petit trot, change de main et exécute le départ au galop sur la diagonale. Prendre le trot, le pas et arrêter sur la piste opposée; caresser. Ce premier cavalier se porte en avant au pas, et après le passage du second coin se met en cercle à gauche, à l'extrémité opposée du manège.

Même travail à main gauche.

<h3 style="text-align:center">5me LEÇON.</h3>

Les cavaliers marchant à main droite, individuellement la tête au mur. — Volte individuelle l'épaule en dehors. — La croupe au mur en rentrant sur les pistes. — Volte individuelle l'épaule en dedans. — Redresser sur la piste. — Arrêter. — Rassembler la tête à gauche et à droite successivement. — Forcer l'action des aides pendant le rassemblé, diviser les appuis sur l'embouchure, et agir alternativement des jambes par petites vibrations répétées, de manière à obtenir la mobilité du train postérieur. On divise les appuis en agissant tantôt sur la rêne droite et tantôt sur la rêne gauche ; il est préférable , les premières fois , d'agir avec les deux rênes du même côté pour empêcher l'abaissement de la tête et de l'encolure.

Lorsque la tête est attirée à gauche , la jambe droite doit être plus sentie que la gauche ; c'est l'inverse quand la tête est déplacée à droite. Les déplacements de tête à gauche et à droite ne sont réellement bien faits qu'autant que la mâchoire est mobile , la tête verticale et plutôt haute que basse.

Le plus léger bercement d'une hanche sur l'autre, sans avancer et surtout sans reculer, doit être suivi d'une descente de main. — Se porter en avant et caresser.

Le cheval qui se porte en avant pendant l'exécution de ce mouvement ne commet pas une grande faute, celui qui recule se met sur la voie d'une défense qui peut devenir très-sérieuse ; aussi, faut-il s'empresser de porter vigoureusement en avant le cheval qui recule ou qui a une tendance à vouloir reculer. Ne pas craindre de suspendre ce travail momentanément pour tous les chevaux qui s'impatientent ; répéter alors les arrêts simples et caresser beaucoup.

Demi-volte individuelle et renversée.
Même travail à main gauche.
Même mouvement pour revenir à main droite. — Repos. — Caresser.

Travail au trot.

Augmentation et ralentissement de l'allure. — Volte

individuelle. — Rentrer sur la piste au pas. — Rassembler sur la rêne gauche et redressement de la tête en arrière droite. — Marcher au trot. — Contre-changement de main individuel par trois. — Doubler dans la longueur. — Contre-changement de main successif et dans l'ordre inverse. — Volte individuelle. — Rassembler sur la rêne gauche et sur la rêne droite. — Marcher au pas sur la piste opposée. — Départ au trot. — Volte individuelle et rassembler sur la rêne droite pendant le mouvement. — La tête au mur en rentrant sur la piste. — Redresser. — Marcher au pas. — Demi-volte individuelle et renversée.

Même travail à main gauche.

Demi-volte individuelle et renversée pour revenir à main droite.

Travail au galop.

1re SÉRIE.

Mettre les cavaliers en cercle à droite. — Partir au trot. — Départ au galop. (Insister beaucoup sur la position préparatoire, c'est-à-dire la tête à droite et en arrière à gauche.) — Après deux tours de cercle au moins, reprendre le trot et le pas. — Caresser et recommencer les mêmes mouvements. — Marcher large au galop. Après deux tours de manège au moins, faire reprendre le trot et le pas. — Caresser. — Repos. — (Faire de fréquentes descentes de main pendant l'allure du galop). — Reprendre le trot. — Individuellement en cercle. — Rassembler sur la rêne droite. — Départ au galop et marcher large aussitôt. — Après un tour de manège , reprendre le trot et le pas. — Repos. — Caresser beaucoup.

Arrêter. — Reculer. — Marcher au trot.

Départ au galop sur la diagonale. — Reprendre le trot et le pas à l'extrémité du changement de main. —Départ au galo psur les grands côtés. — Après un tour de manège reprendre le trot et le pas. — Faire doubler les distances.

Même travail à main gauche.

2e SÉRIE.

Répéter exactement tout ce qui vient d'être prescrit dans la première série, en supprimant l'allure du trot.

Pour terminer :

La croupe au mur. —Voltes individuelles. —L'épaule en dedans et en dehors.—Arrêter.—Reculer.—Repartir. — Arrêter. — Rassembler sur la rêne gauche. — Marcher.—Arrêter. — Rassembler sur la rêne droite. —Rassembler sur les deux rênes et mettre pied à terre.

6e LEÇON.

Travail individuel aux deux mains au pas et au trot. Pour éviter le désordre et les accidents qui pourraient en résulter, les cavaliers ne devront changer de main ni d'allure qu'à l'indication de l'instructeur.

Ce travail individuel est de la plus grande importance ;

d'abord, parce qu'il rompt la monotonie du travail d'ensemble , et ensuite parce qu'il permet à l'instructeur de revenir sur certaines questions de détail, mal comprises ou mal exécutées , en prenant chaque cavalier en particulier.

Il est bien difficile , pour ne pas dire impossible , de voir arriver au même résultat, à un jour donné, tous les chevaux d'une même remonte. Deux raisons majeures s'y opposent : 1° le goût, l'intelligence et le savoir si variables des cavaliers employés au dressage ; en un mot, ce je ne sais quoi qui fait l'homme de cheval et que l'instructeur ne peut faire toucher du bout du doigt ; 2° l'aptitude également variable des chevaux à dresser, laquelle reconnaît pour causes la conformation , la taille , l'état de santé, le tempérament irritable des uns et l'extrême mollesse des autres.

Ces idées générales bien comprises, l'instructeur devra profiter du travail individuel pour donner les conseils qu'il croit nécessaires aux cavaliers les moins intelligents, et redoubler de précautions pour les chevaux en retard quelle qu'en soit la cause.

Travail au galop.

3ᵐᵉ SÉRIE.

Réunir les cavaliers en reprises.—Reprise.—Marcher en cercle à droite. — Doubler les distances. — Départ au galop à droite (un tour de cercle). — Au pas. — Départ à gauche (un tour complet). — Au pas.

Faire quatre départs sur l'un et l'autre pied. — Marcher

large à main droite au pas. — Départ à gauche (parcourir quinze mètres au moins). — Marcher au pas. — Départ à droite (parcourir la même distance). — Faire quatre départs sur l'un et l'autre pied. — Marcher au pas la tête au mur (4 ou 5 mètres). — La croupe au mur (même distance).

Répéter ces deux derniers mouvements sur la grande piste opposée. — Arrêter. — Reculer (2 ou 3 pas). — Se porter en avant. — Arrêter. — Rassembler sur la rêne gauche. — Reculer. — Se porter en avant. — Arrêter. — Rassembler sur la rêne droite. — Reculer. — Marcher. — Arrêter. — Rassembler sur les deux rênes. — Demi-pirouette individuelle pour changer de main.

Même travail à main gauche. — Repos.

Départ au galop à droite sur le cercle à grandes distances. Marcher large. — Descentes de main. — Augmenter progressivement l'allure (la vitesse du galop de chasse, galop soutenu ou galop gaillard. — Redressement de la tête sur le plan médian et ralentissement de l'allure; (un tour de manège pour l'augmentation et autant pour le ralentissement de l'allure). — Marcher au pas. Repos. — Caresser. — Répéter les mêmes mouvements. — Demi-pirouette pour changer de main. — Même travail à main gauche. — Demi-pirouette pour revenir à main droite. — Repos.

Pour terminer :

Augmenter et ralentir l'allure du trot. (Descentes de main sur le plan médian à volonté). — Passer du grand trot au pas. — Reprendre le trot allongé. — Arrêter. De pied ferme prendre le trot ordinaire. — Arrêter. — Reculer. — Se porter en avant au pas. — Redressement de la tête en arrière à gauche, en arrière à droite et sur le plan médian. — Tête et croupe au mur. — Pied à terre.

⊶∞⊷

7ᵉ LEÇON.

—

Quelques temps de trot aux deux mains. — Marcher à main droite au pas. —Repos. — Contre-changement de main successif. — Contre-changement individuel pár trois. — La tête au mur. — Volte individuelle l'épaule en dehors. — La croupe au mur en rentrant sur la piste. — Redresser. — Rassembler sur la rêne droite et sur la rêne gauche en marchant. — Arrêter et rassembler sur les deux rênes. — Marcher. — Changement de main individuel par trois.

Même travail à main gauche. — Demi-pirouette individuelle pour revenir à main droite.

Travail au trot.

Au choix de l'instructeur, les mouvements prescrits dans le travail au trot des 3ᵉ et 5ᵉ leçons. Entrecouper fréquemment l'allure du trot de deux ou trois temps de pas pour rassembler sur l'une et l'autre rêne. Terminer le travail par des arrêts et des départs au trot sur les lignes droites, courbes et de deux pistes. Ce travail ayant été exécuté aux deux mains, marcher au pas à main droite et commander repos.

Travail au galop.

4ᵐᵉ SÉRIE.

Les cavaliers marchant en cercle à droite ; départ à droite, quatre ou cinq temps de galop seulement. — Marcher au pas le temps nécessaire pour préparer le cheval pour un nouveau départ à droite. — Exécuter cinq ou six départs et autant de changements d'allure sur le cercle. Marcher large au galop. — Volte individuelle. — Marcher au pas en rentrant sur la piste et de suite nouveau départ à droite. — Quatre ou cinq temps de galop sur la ligne droite. — Marcher au pas et départ au galop à droite. — Après avoir exécuté cinq ou six départs et autant de changements d'allure sur la ligne droite, marcher au pas et mettre les cavaliers en cercle à l'extrémité du manège.

A l'indication de l'instructeur, les trois premiers cavaliers marchent large et changent de main individuellement.

Départ au galop à droite et changement d'allure sur la ligne de deux pistes ; faire au moins trois départs sur la diagonale.

Toute la reprise ayant changé de main successivement par trois, commander repos et faire exécuter des descentes de main à volonté.

Même travail sur le pied gauche.

Pour terminer :

Travail à volonté au pas.

8ᵉ LEÇON.

Travail individuel au pas et au trot aux deux mains. L'instructeur indique toujours les changements d'allure et changements de main.

Travail au galop.

5ᵉ SÉRIE.

Répéter les mouvements indiqués dans la série précédente sur les lignes courbes et droites, avec cette différence que le changement d'allure sera utilisé pour partir tantôt sur le pied droit et tantôt sur le pied gauche ; les voltes seront toujours parcourues sur le pied du dedans.

Pour exécuter ce travail sur la ligne de deux pistes, former les cavaliers en cercle à l'extrémité du manège.

A l'indication de l'instructeur, les trois premiers cavaliers marchent large, changent de main individuellement et prennent le galop à droite sur la diagonale ; en arrivant sur la ligne du milieu du manège, ils prennent le pas et de suite le galop à gauche pour revenir à main droite. — Marcher au pas sur la piste. — Arrêter. — Reculer deux ou trois pas. — Se porter en avant et caresser.

Pour terminer :

Travail à volonté au pas.

9ᵉ LEÇON.

—

Travail à volonté au pas et au trot aux deux mains.

Travail au galop.

Exécuter le travail au galop (4ᵉ série) de la 7ᵉ leçon, en faisant un arrêt à la place du changement d'allure. — Départ à droite. — Arrêter. — Partir de pied ferme au galop à droite, etc.

10ᵉ LEÇON.

—

Travail au pas et au trot à volonté.

Travail au galop.

Exécuter le travail au galop (5ᵉ série) de la 8ᵉ leçon en faisant un arrêt au lieu d'un changement d'allure entre chaque départ.

Comme on le voit, tout le travail des quatre dernières leçons a pour but de façonner l'allure du galop sur l'un et l'autre pied et de préparer le cheval à l'exécution facile des changements de pied.

Si l'instructeur suit exactement la progression que nous venons d'indiquer, il n'est pas douteux que le jour où il demandera des changements de pied à ses chevaux il n'obtienne une parfaite satisfaction. Le changement de pied est la conséquence du travail gymnastique qui précède, ou ce travail a été mal compris ou mal fait.

Il est bien entendu que pendant tout le cours de ce dressage, l'explication du mécanisme des aides doit précéder l'exécution des mouvements. L'explication du changement de pied est surtout très-importante à bien faire comprendre aux cavaliers. Livrés à eux-mêmes nous savons quelle brutalité ils mettent dans l'emploi des aides pour obtenir, par un renversement, un mouvement qui produirait souvent la chute, si instinctivement le cheval ne changeait pas de pied.

Le changement de pied n'est autre chose qu'un départ au galop le cheval marchant au galop.

Ce principe une fois admis, il suffira de donner une explication claire du mécanisme des aides dans le départ au galop pour en déduire celle du changement de pied.

DÉPART AU GALOP A GAUCHE. *(Mécanisme.)*

Que le cheval soit de pied ferme, ou en marche :

Porter la main à droite et en arrière, se grandir en fixant le poids de l'assiette sur la fesse droite, fermer les jambes plus ou moins, suivant la sensibilité du cheval, en faisant primer l'action de la jambe droite et le galop à gauche est produit. (Le mécanisme inverse donnera le galop à droite).

La main à droite déplace l'encolure de ce côté, charge l'épaule droite, dégage l'épaule gauche, et son action d'avant en arrière dans la direction du jarret droit favorise l'enlevé de l'avant-main. Cette attitude donnée au cheval répond en quelque sorte à celle prise par le cava-

lier à pied qui, pour partir du pied gauche, fixe préala-
blement le poids du corps sur la jambe droite.

CHANGEMENT DE PIED *(de droite à gauche).*

*Nous supposerons le cheval galopant sur le pied droit
et nous lui demanderons le départ au galop à gauche tel
qu'il vient d'être indiqué plus haut.*

*Les mêmes actions ne pouvant produire que les mêmes
effets, le changement de p'ed est la conséquence inévitable de cette manière de faire.*

*C'est à la faveur de l'appui sur la jambe droite de
devant que peut s'opérer le changement de combinaison
des extrémités : c'est donc au moment précis où le pied
droit antérieur arrive à terre qu'il convient d'agir pour le
départ au galop à gauche, qui prend ici le nom de changement de pied, ou départ au galop le cheval marchant au
galop.* (Mêmes principes et moyens inverses pour changer de pied de gauche à droite.)

A partir de ce moment, l'instructeur devra, pour confirmer les chevaux dans les changements de pied, exécuter le travail au galop indiqué dans les reprises de dressage qui précèdent en commençant par la troisième
leçon.

Les mouvements de l'épaule en dedans et en dehors
sur les voltes, qui sont très-propres à l'instruction de
détail au pas et au trot, deviennent fort difficiles quand
on doit les exécuter au galop : on devra donc les supprimer pour les chevaux de troupe.

Les détails dans lesquels nous sommes entrés dans les progressions des leçons qui précèdent, pourront paraître quelque peu prolixes ou oiseux, mais nous avons eu un double but en agissant ainsi. Outre que la décomposition méthodique de certains mouvements importants était nécessaire pour arriver, par une transition pour ainsi dire insensible, à leur parfaite exécution (départs au galop, changements de pied, etc), nous avons eu en vue encore de fournir aux instructeurs le programme d'un travail varié, et de rompre ainsi la monotonie de séances consacrées par certains d'entre eux presqu'à leur insu, à la répétition fastidieuse de mouvements toujours semblables ou exécutés à la même main.

Il reste bien entendu qu'ici encore il est laissé à l'intelligence de celui qui dirige ces travaux, d'insister ou de glisser légèrement sur ces diverses leçons, en raison de l'aptitude et des progrès plus ou moins rapides des chevaux qui lui sont confiés.

Il existe parfois dans les régiments des chevaux qui offrent de véritables difficultés à se laisser seller, brider, faire les crins ou ferrer. Pour éviter les accidents auxquels sont exposés les propriétaires de ces chevaux, j'emprunte à M. Thomann, ancien officier de cavalerie, une méthode de dressage que je lui ai vu employer à l'École de cavalerie en 1857 avec tout le succès désirable.

Je laisserai donc parler l'auteur :

Dressage des chevaux difficiles à seller et à brider, qui refusent de subir l'opération du ferrage ou de se laisser faire les crins.

CHEVAUX DIFFICILES A SELLER ET A BRIDER.

« Étant donné un cheval méchant et dangereux, difficile à seller et à passer la croupière, il est possible de le réduire en fort peu de temps et de l'habituer à supporter patiemment les manœuvres que l'application du harnachement nécessite.

» Trois hommes peuvent entreprendre et mener à bonne fin cette partie de l'éducation du cheval, quels que soient d'ailleurs les vices qu'il présente : un instructeur, un aide, un cavalier.

» Le cheval est conduit hors de l'écurie, en caveçon et bridon, ou simplement en bride.

» L'instructeur fait alors exécuter à l'animal en dressage un travail à la longe, pour le familiariser avec l'homme et le fatiguer ; il lui apprend à se camper afin de paralyser ses moyens de défenses. Ce travail terminé, l'instructeur préside et dirige l'opération ; il approche le côté droit du cheval contre un mur et se place à la tête du côté gauche, faisant face en arrière ; de la main gauche il tient la rêne gauche de la bride près du mors, sa main droite est armée d'une gaule ou d'un manche de chambrière.

» L'aide est placé en avant et à la tête ; il saisit la longe du caveçon, si le cheval n'a pas les vices de mordre et de frapper du devant ; dans le cas contraire, il maintient le cheval à distance par l'emploi d'un bâton protecteur de 1 mètre 33 cent. environ, qui s'attache, par une de ses extrémités, à l'anneau du caveçon ou à la barrette de la bride.

» Ces dispositions préliminaires étant prises, l'instructeur caresse avec sa gaule l'encolure, l'épaule et l'arrière-main ; il prévient les défenses du cheval et le rappelle constamment à l'obéissance à l'aide de légères saccades, imprimées latéralement au mors de bride par la main qui tient la rêne gauche ; il est expressément contre-indiqué de donner des saccades sur les barres ; elles sont trop douloureuses, déterminent le recul et donnent lieu fréquemment à des résistances.

» Lorsque le cheval supporte patiemment les attouchements de la gaule, le cavalier vient se placer à l'épaule ; il exécute, à la main et sur les mêmes régions, un véritable massage qui procède invariablement de haut en bas et d'avant en arrière, s'effectuant toujours dans le sens du poil.

» Il recommence patiemment chaque fois qu'une défense vient l'interrompre dans son opération. Pendant toute la durée du massage, l'instructeur parle au cheval ; le ton de sa voix, presque toujours monotone, devient menaçant lorsque le cheval fait preuve d'entêtement et de mauvaise volonté ; si il a abandonné sa gaule, il caresse la tête avec la main droite passée à plat d'un œil à l'autre et sur le chanfrein ; dans le cas contraire, il passe constamment la gaule sur l'encolure.

» Après avoir familiarisé le cheval par ce massage à la

main, le cavalier s'empare d'un surfaix à anneaux auquel est attachée une croupière ; tenant cet appareil des deux mains, il s'approche de l'encolure et de l'épaule gauche, qu'il frictionne dans le sens du poil et à plusieurs reprises, ainsi que le corps et la croupe, puis il revient à l'épaule, place doucement le surfaix par-dessus le dos et le sangle de suite, avec légèreté, pour empêcher qu'un mouvement brusque de l'animal fasse tomber l'appareil.

» Il faut attacher une grande importance à la manière de sangler ; cette opération mal exécutée est souvent le point de départ de certaines défenses.

» Pour éviter de sangler par à-coups, le cavalier prend de la main droite l'extrémité du contre-sanglon qu'il a introduite préalablement dans la boucle de la sangle ; il passe ensuite, sous ce contre-sanglon, l'avant-bras gauche, lequel s'élève avec douceur et progression.

» La croupière doit ensuite se mettre isolément, cette partie du harnachement, séparée du surfaix, est saisie des deux mains par le cavalier qui la fait glisser, à plusieurs reprises, sur la croupe. Il passe ensuite sa main gauche dans le culeron, en plaçant ce dernier à la base et au-dessus de la queue. Dans cette position, le cavalier s'empare avec la main droite, du fouet de la queue, dont il frictionne les deux fesses ; puis il prend le tronçon et le soulève à plusieurs reprises pour en détruire la raideur. Enfin, la même main roule le fouet de la queue autour du tronçon et engage l'extrémité du tout dans le culeron. La croupière est alors remontée vers la base de la queue et attachée. Lorsque le surfaix et la croupière sont placés, l'animal doit exécuter un second travail à la longe, pour être familiarisé avec eux pendant la marche.

» Ce deuxième travail à la longe se fait en enrênant le cheval à l'anneau du surfaix; l'enrênement se pratique à l'aide d'une corde qui glisse dans l'anneau et se fixe, par chacune de ses extrémités, à un anneau du filet; cette corde, prise dans la sous-gorge, est déviée ainsi de sa direction et rapprochée des ganaches; si, dans cet attirail, le cheval veut ruer, il se donne lui-même une saccade sur la commissure des lèvres. Quand le cheval est devenu calme après un léger travail à la longe, des lanières et des cordes flottantes sont fixées à l'appareil et le travail est continué.

» Ces manœuvres préparatoires étant accomplies, l'instructeur ordonne de seller réellement le cheval. Le cavalier prenant la couverte, pliée à l'avance, frictionne avec elle l'épaule, le corps et la croupe, puis il la place sur le dos et l'affermit en frappant légèrement dessus. Il saisit ensuite la selle, la présente à l'animal en le laissant flairer, et vient à l'épaule qu'il frotte doucement avec tout l'appareil. Il élève enfin la selle avec lenteur et la place légèrement sur le dos.

» Le cavalier sangle de suite par le procédé déjà décrit à propos du surfaix; il sépare la croupière, la place et la boucle.

» Le cheval étant sellé, l'instructeur lui fait exécuter un troisième et dernier travail à la longe pour l'habituer à supporter le harnachement à toutes les allures. Pendant ce travail final, l'animal est enrêné à l'aide des rênes de bride, demi-tendues, qui passent par-dessus le pommeau de la selle et vont entourer la palette où elles se fixent.

» Le nombre de leçons nécessaires pour rendre un cheval docile et obéissant est variable, et toujours en rapport avec la nature des difficultés qui doivent être vaincues. »

M. Thomann n'a pas de procédé pour brider un cheval difficile; il place isolément l'appareil en cuir de la bride, fixe ensuite le mors à l'un des montants, le passe dans la bouche et l'attache au montant opposé.

FERRAGE DES CHEVAUX DIFFICILES.

« Un cheval vicieux et indompté, habitué à mordre, à frapper, à ruer, peut être ferré sans l'emploi des moyens usuels de contrainte, et familiarisé, pour l'avenir, avec les manœuvres complexes qui constituent l'opération du ferrage.

» Trois hommes sont nécessaires pour accomplir cette entreprise réputée difficile et dangereuse.

» 1° Un instructeur qui préside et dirige l'opération ;

» 2° Un aide-maréchal ou teneur de pieds;

» 3° Un maréchal.

» Le cheval est muni d'un caveçon et d'un bridon ou simplement d'une bride; les rênes du bridon et de la bride sont passées par-dessus l'encolure. Un bâton de 1 mètre 50 environ est attaché, à l'aide d'une corde, par l'une de ses extrémités, à l'anneau du caveçon ou à la barrette de la bride; ce bâton permet de maintenir à distance l'animal le plus dangereux, et d'éviter les coups de dents et les coups de pieds.

» Dans cet attirail, le cheval est conduit par l'instructeur, qui tient l'extrémité libre du bâton, dans le lieu où le ferrage doit être exécuté. Il est placé contre un mur pour borner ses mouvements d'un côté, ou dans un coin, s'il a de la tendance à reculer.

» L'instructeur prend position en avant du cheval et du côté qui n'est pas en rapport avec la muraille, c'est-à-dire du côté libre. D'une main il tient le bâton mentionné plus haut, l'autre est armée d'une gaule flexible, assez longue pour atteindre la croupe.

» A l'aide de cette gaule, il opère sur le côté libre de l'animal des attouchements successifs, sous forme de pressions répétées, douces et prolongées, qui commencent à l'encolure, descendent à l'épaule, à l'avant-bras et au canon, s'étendent sur tout le côté du corps, arrivent à la croupe, et enfin à l'extrémité inférieure du membre postérieur.

» Ces attouchements sont répétés tour-à-tour sur l'un et l'autre côté de l'animal, et celui-ci est forcé de les subir, car il se trouve placé dans une position qui ne lui permet pas de s'y refuser; ses mouvements sont bornés, en avant par l'instructeur, d'un côté, et, en arrière, par la muraille; de l'autre côté, par la gaule, qui constitue par sa présence et les mouvements qui lui sont imprimés, une barrière morale extrêmement efficace.

» Le cheval se familiarise rapidement avec l'instructeur

et les attouchements caressants qu'on lui fait subir; il cherche de moins en moins à mordre, à frapper du devant, et le bâton protecteur devient de moins en moins utile.

» Bientôt l'instructeur cesse de tenir ce bâton par son extrémité libre; il rapproche graduellement sa main de l'extrémité fixe, c'est-à-dire de la tête de l'animal , sans toutefois essayer d'atteindre cette région avec la main, tentative qui serait prématurée et dangereuse sur les chevaux habitués à mordre.

» Il s'arme alors d'une petite pelle en bois, espèce de main factice dont le manche est dissimulé sous son avant-bras, et il la présente peu à peu au cheval , en la dirigeant vers la tête qu'il ne .tarde pas à atteindre. Il exerce avec cet instrument une série de pressions légères et caressantes sur le front, le chanfrein et le pourtour des yeux.

» Lorsque l'animal est habitué à ces manœuvres, ce qui ne demande que quelques minutes, l'instructeur raccourcit peu à peu l'instrument en faisant glisser le manche sous son avant-bras; enfin il s'en débarrasse tout à fait lorsqu'il est arrivé à toucher sans danger et avec la main les régions primitivement caressées par la pelle en bois.

» Arrivé à ce degré de l'opération, l'animal est familiarisé ; son caractère et la nature de ses défenses sont connus, l'instructeur se débarrasse du bâton, et le cheval reste entre ses mains, simplement en bride ou bien en caveçon et en bridon.

Nous devons dire ici que, dans l'immense majorité des

cas, les manœuvres qui viennent d'être décrites constituent un préliminaire inutile ; elles sont exceptionnellement mises en usage pour des chevaux tout à fait sau-
vages ou d'une nature indomptable.

» La plupart des chevaux difficiles au ferrage peuvent
être maintenus sans danger à l'aide du caveçon, ou à son
défaut à l'aide de la bride ; c'est en admettant cette possibilité, obtenue ou existante, que va être continué la
description de l'opération.

» L'instructeur conserve la position qu'il occupait
précédemment à la tête et sur le côté libre ; d'une main
il tient la longe du caveçon à trente centimètres de l'anneau, ou la rêne de bride près du mors ; l'autre main est
armée d'une gaule flexible longue de 1 m. 30 à 1 m. 60 c.
(d'un manche de chambrière, par exemple). Il commence
de nouveaux attouchements identiques aux précédents.
Ces pressions légères, douces et prolongées, débutent
indifféremment d'un côté ou de l'autre ; mais elles sont
toujours exécutées sur l'un et l'autre côté, en plaçant
bien entendu, le cheval d'une manière inverse pour chacun d'eux.

» Lorsque les défenses de l'animal deviennent nulles
ou insignifiantes, ce qui est promptement obtenu, l'instructeur quitte sa gaule et, de la main qui devient libre,
il caresse sans cesse le chanfrein et le pourtour des yeux.
Alors commence une nouvelle phase de l'opération, une
sorte de massage à la main, qui doit se terminer par la
parfaite obtention du lever des pieds les uns après les
autres. Supposons, pour faciliter la description, qu'il

s'agisse de lever les pieds du cheval du côté gauche ; c'est le rôle de l'aide maréchal : sur l'ordre qui lui en est donné par l'instructeur, il vient doucement se placer à l'épaule gauche du cheval, faisant face en tête, sa main droite repose sur le garrot ; le bras demi-fléchi l'éloigne un peu du cheval ; avec le plat de la main gauche il exécute un massage dans le sens du poil, sous forme de pressions distinctes et successives, descendant lentement et progressivement jusqu'au paturon.

Si une défense vient l'interrompre dans son œuvre de patience, il s'arrête et, sur l'ordre de l'instructeur, il recommence par les régions supérieures.

» Arrivé au paturon, l'aide le saisit à pleine main, pousse légèrement le cheval à l'épaule pour rejeter le poids du corps sur le membre opposé et lève le pied ; si l'animal retire brusquement son pied, il recommence imperturbablement le massage mentionné plus haut et fait une nouvelle tentative pour lever le pied.

» Lorsque le pied est abandonné sans résistance, l'aide le balance doucement sous le cheval et dans le sens des articulations en l'élevant un peu. Si le cheval se contracte et ne laisse pas aller son membre avec confiance, l'aide ne doit pas employer de force ; il n'a qu'à suivre le mouvement sans le contrarier, toute résistance de sa part aurait pour résultat infaillible d'occasionner chez le cheval une résistance plus forte.

» Après le lever du pied vient le poser ; il est essentiel pour ce dernier acte, de reconduire jusqu'à terre le pied du cheval et de ne pas l'abandonner avant que la pince ait touché le sol.

» Le lever du pied postérieur gauche s'exécute complétement suivant les mêmes principes : l'aide glisse ses deux mains à plat sur le dos et les reins en faisant face en arrière, puis la main gauche s'appuie à la hanche tandis que la main droite opère le massage. Le paturon étant saisi, le pied étant levé, le membre est balancé d'arrière en avant, puis en haut et en avant, et enfin posé sur le sol avec précaution.

Le massage à la main et le lever des pieds s'exécutent, ainsi qu'il vient d'être décrit, sur l'un et l'autre côté de l'animal ; ils constituent deux manœuvres préliminaires, rationnelles, indispensables et toujours fécondes en résultats immédiats.

» A ces manœuvres préliminaires succède le simulacre de l'opération du ferrage, qui s'exécute tour à tour sur chaque pied en particulier. Un massage, toujours identique, est effectué sur chaque membre et le pied est soulevé ; l'aide exécute le demi-tour habituel sur les talons et prend la position voulue pour tenir le pied. Le maréchal frappe alors la sole avec son brochoir. Enfin, au simulacre de l'opération, succède l'opération elle-même.

Dans cette longue description qui vient d'être faite du ferrage des chevaux difficiles, il n'a été parlé de l'instructeur que pour décrire les attouchements qu'il fait subir ; son rôle capital, dans cette lutte de la patience contre la force, a été omis avec intention. Comme ce rôle, qui constitue réellement la moralisation du cheval, est

toujours identique dans les phases diverses de l'opération, il a semblé préférable, pour éviter des répétitions
inutiles, de n'en parler qu'à la fin.

» L'instructeur, nous avons dit, préside et dirige.
Outre les attouchements qu'il exerce sur le cheval, il
emploie, pour se faire obéir et paralyser les résistances,
deux agents bien efficaces, la voix et les avertissements
du caveçon et du mors de bride.

» L'instructeur doit parler souvent au cheval ; le son
de sa voix est caressant, impératif ou menaçant, suivant
qu'il veut prévenir, réprimer ou punir toute tentative de
résistance ou toute résistance accomplie.

» Il agitera fréquemment aussi, et toujours avec légèreté et douceur, la longe du caveçon ou la rêne de bride.

» Ses yeux seront presque constamment fixés sur la
région soumise aux attouchements, de façon à percevoir
rapidement tout mouvement préparatoire d'impatience ou
de révolte, pour pouvoir le prévenir et l'empêcher par
une saccade légère et appliquée à propos, du caveçon ou
du mors. Ces saccades, de l'un ou de l'autre de ces ins-
truments, doivent toujours être légères, quoique cependant d'une intensité en rapport avec l'opiniâtreté et l'entêtement de l'animal.

» La secousse imprimée au mors sera toujours latérale,
les barres ne devant jamais être intéressées.

» Lorsqu'elles sont appliquées avec discernement, et
que leur répétition coïncide exactement avec les mouvements de révolte, le cheval comprend en quelques minutes

que son indocilité seule lui attire des châtiments, et il ne tarde pas à rester dans la plus complète immobilité.

OPÉRATION DES CRINS.

» Certains chevaux difficiles et irritables, résistent souvent aux manœuvres et attouchements nécessités par l'opération des crins. Il est toujours possible de triompher sans contrainte des plus opiniâtres par des leçons progressives, patientes et fréquemment répétées. L'animal difficile, muni d'un caveçon et d'un bridon, est amené contre un mur et sur un plan horizontal. Un aide est placé en avant de lui, faisant face au cheval, et tenant une rêne de bridon dans chaque main près du mors; il a pour mission de maintenir la tête fixe.

» L'instructeur se place à la tête, du côté opposé au mur, en faisant face en arrière; il s'empare de la longe du caveçon et parle constamment au cheval sur un ton presque toujours monotone, rarement impératif et menaçant. De la main restée libre, il tient une longue gaule flexible à l'aide de laquelle il effectue une série d'attouchements, qui commencent à l'encolure et se terminent aux paturons antérieurs et postérieurs; ils s'exécutent à droite et à gauche du cheval, tant en dedans qu'en dehors des membres.

» Lorsque l'animal supporte patiemment ces manœuvres réitérées et persévérantes, l'instructeur abandonne la gaule et de sa main libre caresse le front et les yeux.

» Un deuxième aide, chargé de faire les crins, exécute

alors un véritable massage à la main. Ses deux mains , posant à plat, caressent le cheval dans le sens du poil et toujours de haut en bas ; ces caresses toujours interrompues , sont reprises successivement au-dessus de leur point d'arrivée , pour progresser peu à peu vers les régions inférieures. L'aide commence par les membres antérieurs ; ses mains glissent de l'encolure à l'épaule ; à l'avant-bras elles se séparent ; l'une masse la face interne du membre, et l'autre la face externe ; elles arrivent ainsi, en descendant progressivement , aux paturons, qu'elles frictionnent pendant un certain temps.

» Le massage recommence imperturbablement toutes les fois qu'une défense vient l'interrompre.

» Pour les membres postérieurs, la manière de procéder est absolument identique.

» Quand le cheval est familiarisé avec les attouchements de la main, l'aide exécute un autre massage analogue au précédent, avec cette différence qu'une de ses mains est fermée et tient les ciseaux dont l'extrémité libre frotte à plat sur la peau. Un troisième massage, toujours identique , succède aux deux premiers ; une des deux mains fait jouer les ciseaux pour habituer l'animal au bruit causé par le rapprochement des branches de cet instrument.

» Enfin , lorsqu'au bout d'un nombre variable et indéterminé de leçons la tranquillité de l'animal est complète, le simulacre de la section des poils, dans les régions les moins impressionnables, est suivi de la section réelle dans la région qui, primitivement, se refusait aux attouchements nécessités par la tonte.

» Pendant toute la durée de la leçon, l'instructeur doit suivre tous les mouvements de l'animal d'un œil attentif, de façon à prévenir ou corriger avec promptitude et à propos toute manifestation de révolte. »

ESSAI

SUR

L'ESCRIME DU SABRE

Par M. DUTILH,

Capitaine instructeur du 1ᵉʳ dragons.

ESCRIME DU SABRE.

(Le sabre est la véritable arme du cavalier).

Dans la quatrième leçon de l'école du cavalier à pied on trouve, indiqués avec une clarté parfaite, la succession et le mécanisme des *parades*, coups de pointes et coups de sabre qui constituent la base de l'importante instruction de l'escrime de cette arme.

Les quelques mouvements composés qui terminent la première partie de cette leçon, peuvent être considérés comme l'expression d'une idée extrêmement heureuse qui n'a pas été suffisamment développée.

Au moyen de cette instruction préliminaire, nos hommes apprennent à connaître les ressources de leur arme pour l'attaque et pour la défense, mais, abandonnés à eux-mêmes ils ne savent en faire aucune application judicieuse et opportune.

Cette lacune provient, il faut bien le croire, de l'insuffisance des mouvements composés de la quatrième leçon, et en second lieu de ce que les maîtres d'armes, presque tous voués au jeu de l'épée, n'attachent qu'une importance très-secondaire à l'escrime du sabre.

On peut encore remarquer que, dans les salles, la garde de l'épée est à peu près conservée pour le sabre, quoiqu'elle ne ressemble en rien à la garde de l'homme monté et que la position rigoureuse en face l'un de l'autre, des deux adversaires, devient impossible à cheval, eu égard à la tête et à l'encolure de l'animal.

Les conditions exigées pour faire un bon cavalier militaire, c'est-à-dire audacieux et habile, sont: l'équitation et le maniement des armes.

Le travail individuel donne une complète satisfaction à la première de ces conditions; nous nous estimerions très-heureux si les leçons qui suivent pouvaient se trouver sur la voie qui doit conduire à la deuxième, ou inspirer aux officiers qui s'occupent du progrès de la cavalerie l'idée de donner un développement plus complet à un travail que nous ne faisons qu'ébaucher.

L'escrime du sabre comprend l'instruction à pied et son application à cheval.

L'instruction à pied est divisée en leçons comprenant une série d'exercices dont la difficulté croît en raison du progrès des élèves.

L'application à cheval est ainsi conçue :
1° Au pas.
2° Au pas et au trot.
3° Au pas, au trot et au galop.
4° Escrime du sabre à volonté, combinée avec les mouvements du travail individuel et le saut des obstacles.

La position en garde indiquée par l'ordonnance (119) sera toujours mise en usage, puisqu'elle répond à la garde de l'homme à cheval.

Les sous-officiers et les brigadiers seront les premiers admis à cette instruction ; les cavaliers ayant exécuté la quatrième leçon à pied viendront ensuite.

On n'apprendra l'escrime à cheval qu'aux sous-officiers, brigadiers et cavaliers admis à l'école de l'escadron à cheval.

Il est convenu que les leçons qui suivent seront répétées de pied ferme à cheval, et ensuite au pas, au trot et
au galop avant de commencer les exercices de l'assaut,
qui sont le complément de l'instruction du cavalier.

On peut dire que ce travail est purement pratique,
puisque nous n'employons que les mouvements de sabre
prescrits par l'ordonnance, également connus des élèves
et des instructeurs. Ces derniers n'auront par conséquent
qu'à exécuter et à exiger ensuite.

1re LEÇON.

—

Les cavaliers sont en vestes d'écurie, bonnets de police,
giberne et sabre.

Le premier rang est instruit par le sous-officier et le
deuxième par le brigadier.

Les hommes placés à trois mètres l'un de l'autre et à
la position en garde, seront exercés à exécuter les trois
séries des mouvements du sabre de l'ordonnance, ainsi
qu'il suit :

1re SÉRIE.

—

PARADES.

1er EXERCICE. — 1° A gauche moulinet.

          2° A droite moulinet.

          3° En arrière moulinet.

          4° Contre infanterie à droite parez.

          5° Contre infanterie à gauche parez.

6° Pour la tête parez.

7° En tierce parez.

8° En quarte parez.

Commandements pour l'exécution par temps et mouvements.

INDICATION. — POUR LES PARADES,

1 temps 8 mouvements.

Exécution. — *PAREZ.*

1. Au commandement *Parez*, les cavaliers, partant de la position en garde, exécutent le moulinet à gauche et prennent, ce mouvement terminé, la position du premier mouvement d'à droite moulinet (121).

2. Au commandement *deux*, exécuter le deuxième mouvement d'à droite moulinet, en ramenant le poignet en arrière, au-dessus de l'épaule droite le bras tendu, à la position du premier mouvement d'en arrière moulinet.

3. Au commandement *trois*, exécuter le moulinet en arrière et rester dans cette position, la lame verticale, le tranchant à gauche.

4. Au commandement *quatre*, exécuter le deuxième mouvement de contre infanterie à droite parez, en prenant la position du premier mouvement de contre infanterie à gauche parez (143).

5. Au commandement *cinq*, exécuter le deuxième mouvement de contre infanterie à gauche parez, en prenant la position pour la tête parez (141).

6. Au commandement *six*, parer en tierce, le bras demi-tendu vers la droite, le tranchant en l'air, et rester dans cette position.

7. Parer en quarte en portant le poignet droit au-dessus de l'avant-bras gauche plus ou moins rapproché du coude ou de la main de la bride, la lame verticale, le tranchant à gauche.

8. Au commandement *huit* se remettre en garde.

Exécution par temps et mouvements, mais sans explication.

INDICATION. — POUR LES PARADES.

1 temps 8 mouvements.

.Le travail précédent moins les explications.

Exécution. — PAREZ.

L'instructeur fait terminer chaque parade en prenant la position préparatoire pour le mouvement qui doit suivre, afin de mieux faire comprendre le mécanisme et l'enchainement naturel des parades.

Exécution sans indication de temps et mouvements.

INDICATION. — POUR LES PARADES.

Exécution. — PAREZ.

A ce commandement, les cavaliers exécutent le moulinet à gauche et toutes les autres parades, dans l'ordre indiqué, sans s'arrêter sur aucune et reprennent la position en garde.

Comme on le voit, l'ordre de la succession des parades a été calculé sur la possibilité de les lier entr'elles
sans interruption, depuis la première jusqu'à la dernière
qui ramène à la position en garde; (cette observation est
applicable aux deux séries suivantes).

Il est urgent, en exécutant la deuxième parade (à
droite moulinet) qui doit conduire à la troisième (en arrière moulinet) de ramener le bas en arrière, au-dessus
de l'épaule droite, pour éviter un temps d'arrêt qui aurait lieu sans cette précaution.

Comme exécution, les cavaliers se règlent sur la cadence du pas accéléré que l'instructeur rappelle par les
commandements 1-2-3-4, aussi souvent qu'il le juge
nécessaire.

2ᵉ SÉRIE.

COUPS DE POINTE.

2ᵉ EXERCICE. — 1° En quarte pointez.
2° A gauche pointez.
3° Contre infanterie à gauche pointez.
4° A droite pointez.
5° Contre infanterie à droite pointez.
6° En arrière pointez.
7° En tierce pointez.
8° En garde.

*Commandements pour l'exécution par temps et
mouvements.*

INDICATION. — POUR LES COUPS DE POINTE,

1 temps 8 mouvements.

Exécution. — *POINTEZ.*

1. Au commandement *pointez*, les cavaliers partant
de la position en garde, donnent le coup de pointe en
quarte et prennent de suite la position du premier mouvement de à gauche pointez (127).

2. Au commandement *deux*, donner le coup de pointe
à gauche et prendre la position du premier mouvement
de contre infanterie à gauche pointez.

3. Au commandement *trois*, donner le coup de pointe
à gauche contre l'infanterie et prendre la position du
premier mouvement d'à droite pointez (128).

4. Au commandement *quatre*, donner le coup de pointe
à droite et prendre la position du premier mouvement de
contre infanterie à droite pointez (131).

5. Au commandement *cinq*, pointer à droite contre
l'infanterie et prendre la position du premier mouvement
d'en arrière pointez (129).

6. Au commandement *six*, pointer en arrière et prendre la position en tierce pointez (127).

7. Au commandement *sept*, donner le coup de pointe
en tierce, rester dans cette position.

8. Se remettre en garde.

Exécution par temps et mouvements mais sans explication.

INDICATION. -- POUR LES COUPS DE POINTE.

1 temps 8 mouvements.

Le travail précédent moins les explications.

Exécution. -- POINTEZ.

Exécution sans indication de temps et de mouvements.

INDICATION. -- POUR LES COUPS DE POINTE.

Exécution. -- POINTEZ.

A ce commandement, les cavaliers exécutent les coups de pointe tels qu'ils sont indiqués plus haut, sans s'arrêter sur aucun, et reviennent à la position en garde.

3ᵉ SÉRIE.

COUPS DE SABRE.

3ᵉ EXERCICE. — 1° En avant sabrez.
     2° En arrière sabrez.
     3° A droite sabrez.
     4° Contre infanterie à droite sabrez.
     5° A gauche sabrez.
     6° Contre infanterie à gauche sabrez.
     7° En garde.

*Commandements pour l'exécution par temps et mouve-
ments.*

INDICATION. — POUR LES COUPS DE SABRE,

1 temps 7 mouvements.

Exécution. — SABREZ.

1. Au commandement *sabrez*, les cavaliers partant de la position en garde, donnent le coup de sabre en avant, et, le mouvement terminé, placent le poignet droit un peu en avant et à hauteur de l'épaule droite, la lame verticale, le tranchant en avant.

2. Au commandement *deux*, donner le coup de sabre en arrière et prendre la position du premier mouvement d'à droite sabrez (134).

3. Sabrer à droite et reprendre la position première.

4. Sabrer à droite contre l'infanterie et prendre la position du premier mouvement d'à gauche sabrez, le bras tendu vers la droite et en avant.

5. Sabrer horizontalement à gauche et reprendre la position première, le poignet droit au-dessus de l'encolure du cheval.

6. Sabrer verticalement à gauche contre l'infanterie et conserver le poignet à la hauteur de l'épaule gauche, la lame verticale, le tranchant à gauche.

7. Au commandement *sept*, se remettre en garde.

Exécution par temps et mouvements, mais sans explication.

INDICATION. — POUR LES COUPS DE SABRE,

1 temps **7** mouvements.

Exécution. — SABREZ.

———

Exécution sans indication de temps et de mouvements.

INDICATION. — POUR LES COUPS DE SABRE.

Exécution. — SABREZ.

A ce commandement, les cavaliers exécutent tous les mouvements du sabre indiqués plus haut, sans s'arrêter sur aucun.

Le nombre de jours à consacrer à chaque leçon est abandonné à l'appréciation de l'instructeur.

Les parades de *tierce* et de *quarte* prescrites par l'ordonnance sont des parades de l'épée. Elles supposent deux adversaires exactement en face l'un de l'autre, circonstance qui, comme nous l'avons déjà dit, ne peut pas se présenter à cheval.

Suivons le texte :

« L'ordonnance dit, paragraphe 139 *(en tierce parez)*,
» porter vivement le poignet un peu en avant et à droite,
» les ongles en dessous, *sans faire bouger le coude;* la
» pointe inclinée en avant, à hauteur des yeux et dans
» la direction de l'épaule droite, etc., etc. »

Le cavalier peut être attaqué vers sa droite 1° par un

lancier qui pointe, ou qui pare à l'entour, parade terrible comme on le sait.

2° Par un cavalier armé du sabre, qui pointe, qui sabre horizontalement ou verticalement.

3° Par un fantassin qui pointe.

Il suffit de se figurer la position respective des deux adversaires pour se convaincre de l'insuffisance de la parade de tierce de l'ordonnance.

En conservant le coude au corps, le cavalier est gêné, l'épaule et le bras droit sont raidis ; l'espace parcouru par la lame n'est pas suffisant et la seule force de l'avant-bras ne saurait écarter l'arme de l'adversaire. D'un autre côté, en conservant les ongles en dessous, le cavalier se trouve forcément désarmé par le moindre choc résultant de la rencontre des armes.

Pour parer un coup de baïonnette dirigé à la poitrine, un coup de pointe de lance, ou un coup de sabre vertical dirigé à la tête, la parade de tierce sera remplacée par celle : *pour la tête parez ;* le cavalier ayant soin de conserver le poignet plus ou moins haut ou bas, en avant ou en arrière, le tranchant en l'air, selon l'arme et la position de l'adversaire. De cette façon, il trouvera toujours le fer, aura la force nécessaire pour l'écarter et ne courra point le risque d'être désarmé ; trois choses également impossibles avec la parade de tierce de l'ordonnance. *(La parade contre infanterie à droite parez (142) n'est pas assez prompte, et laisse le cavalier trop longtemps découvert).*

Elle est destinée à garantir le cheval et la partie inférieure du corps du cavalier de toute action offensive venant d'un homme à pied, soit un coup de baïonnette. La parade de l'ordonnance peut être avantageusement remplacée par la suivante : le cavalier étant en garde, déployer vivement le bras droit de toute sa longueur vers la droite, la pointe du sabre dirigée vers la terre et le poignet en quarte.

Les coups de sabre de revers, (coups de sabre horizontaux) analogues aux coups de flanc de l'escrime à pied, sont toujours dirigés dans l'escrime à cheval, à la figure pour aveugler le cavalier, ou à la main de la bride, pour couper le poignet ou les rênes. A toute action offensive horizontale, on doit opposer une action défensive verticale.

D'où il suit, qu'un coup de sabre de revers peut être paré de deux manières : 1° la lame verticale, le tranchant en avant, le poignet à la hauteur de la tête et la pointe dirigée vers la terre; (parade de prime dans l'escrime à pied contre le coup de manchette ou les coups de flanc.) Cette manière de parer devient facile après avoir paré pour la tête.

2° La lame verticale, le tranchant en avant, la pointe en l'air, le coude au corps et le poignet à la hauteur de la main de la bride, en arrière ou en avant, selon la manière de faire et la position de l'adversaire. Cette manière de parer est la plus facile et la plus prompte en partant de la position en garde.

Que la lame soit verticale, la pointe en l'air ou en bas,

il est toujours commode de revenir au plus vite à la position *pour la tête parez*. Il est parfaitement reconnu que cette dernière et la parade de prime sont les parades capitales de l'escrime du sabre, de même que les parades de *tierce* et de *quarte* sont les parades fondamentales de l'escrime de l'épée.

Ces nuances, omises par l'ordonnance, seront très-facilement appréciées par les instructeurs et communiquées aux hommes dans l'instruction de détail.

Voyons maintenant le texte du paragraphe 140 *En quarte parez*.

« Tourner le poignet et le porter vivement en avant
» et à gauche ; les ongles en dessus, le tranchant à gau-
» che, la pointe inclinée en avant, à hauteur des yeux
» et dans la direction de l'épaule gauche, etc., etc. »

Le cavalier est attaqué vers sa gauche ; il est par trop évident que-s'il doit parer un coup de pointe de lance ou de sabre, un coup de sabre vertical ou un coup de baïonnette, il prendra la parade pour la tête ou celle contre l'infanterie à gauche (143), et que pour parer un coup de sabre de revers, ou horizontal, il emploiera une action défensive verticale, ou la parade de quarte ainsi modifiée :

Porter le poignet au-dessus de l'avant-bras gauche, la lame verticale, le tranchant à gauche.

Le poignet droit sera plus ou moins élevé au-dessus de l'avant-bras, rapproché du coude ou de la main de la bride, suivant que le coup de sabre se trouvera dirigé à la figure ou au poignet gauche.

Telles qu'elles sont indiquées dans l'ordonnance de cavalerie, les parades de *tierce* et de *quarte* ne sont applicables que dans une salle avec la garde et le jeu de l'épée.

2ᵉ LEÇON.

1ᵉʳ EXERCICE. — Répéter l'une après l'autre, et dans l'ordre indiqué, les trois séries de la 1ʳᵉ leçon.

2ᵉ EXERCICE. — Exécuter les parades et les coups de pointes sans interruption.

3ᵉ EXERCICE. — Exécuter les coups de pointe et les coups de sabre sans interruption.

4ᵉ EXERCICE. — Exécuter les coups de sabre et les parades sans interruption.

5ᵉ EXERCICE. — Les trois séries dans l'ordre indiqué sans interruption.

Commandements applicables au 2ᵉ Exercice.

INDICATION. — POUR LES PARADES ET COUPS DE POINTE.

1 temps 16 mouvements.

Exécution. — PAREZ et POINTEZ.

Aux commandements *parez* et *pointez*, le cavalier partant de la position en garde exécute le moulinet à gauche et reste dans cette position, le poignet en quarte.

Aux commandements
2
3
4
5
6
7
8
Exécuter ce qui est prescrit à l'article *Parades* (1re leçon).

Au commandement de *neuf*, le cavalier, partant de la position *en quarte parez*, donne le coup de pointe en quarte et prend de suite la position du premier mouvement d'*à gauche pointez*.

Aux commandements
10
11
12
13
14
15
Exécuter ce qui est prescrit pour les coups de pointe, 2e série, (1re leçon).

Au commandement *seize*, se remettre en garde.

Répéter cet exercice par temps et mouvements, et une troisième fois sans indication de temps et de mouvements, comme il est prescrit dans la première leçon. Cette observation s'applique à tous les exercices qui suivent.

Commandements applicables au 3ᵉ Exercice.

INDICATION. — POUR LES COUPS DE POINTE ET
COUPS DE SABRE,

1 temps 14 mouvements.

Exécution. — POINTEZ et SABREZ.

Au commandement *pointez* et *sabrez*, le cavalier partant de la position *en garde*, donne le coup de pointe en
quarte et prend de suite la position du premier mouvement d'*à gauche pointez*.

Aux commandements	2 3 4 5 6 7	Exécuter ce qui est prescrit pour les coups de pointe (1ʳᵉ leçon). Le coup de pointe en tierce étant donné, rester dans cette posi- tion, le bras tendu, pour le pre- mier coup de sabre en avant.
Aux commandements	8 9 10 11 12 13	Exécuter ce qui est prescrit pour les coups de sabre (1ʳᵉ leçon), 3ᵉ série.

Au commandement *quatorze*, se remettre en garde.

Commandements applicables au 4ᵉ Exercice.

INDICATION. — POUR LES COUPS DE SABRE ET LES PARADES,

1 temps 15 mouvements.

Exécution. — SABREZ et POINTEZ.

Au commandement *sabrez* et *pointez*, le cavalier, partant de la position en garde, donne le coup de sabre en avant et prend la position préparatoire pour le coup de sabre en arrière.

Aux commandements
$\begin{cases} 2 \\ 3 \\ 4 \\ 5 \end{cases}$ Exécuter ce qui est prescrit pour les coups de sabre, 3ᵉ série, 1ʳᵉ leçon.

Au commandement *six*, sabrer à gauche contre l'infanterie et terminer le mouvement en allongeant le bras en avant de toute sa longueur, le poignet en tierce (premier mouvement d'*à gauche moulinet*).

Aux commandements
$\begin{cases} 7 \\ 8 \\ 9 \\ 10 \\ 11 \\ 12 \\ 13 \\ 14 \end{cases}$ Exécuter ce qui est prescrit pour les parades, 1ʳᵉ série, 1ʳᵉ leçon).

Au commandement *quinze*, se remettre en parade.

Commandements applicables au 5ᵉ Exercice.

INDICATION

POUR LES PARADES, COUPS DE POINTE ET COUPS DE SABRE.

1 temps 22 mouvements.

Exécution. — *PAREZ, POINTEZ et SABREZ.*

A ce commandement, le cavalier, partant de la position *en garde*, exécute en s'arrêtant sur chaque mouvement, les trois séries dans l'ordre indiqué.

L'instructeur fait les commandements 2-3-4-5, etc., comme il est dit plus haut.

Répéter ce travail par temps et mouvements, et une troisième fois sans indication de temps ni de mouvements.

Le cavalier qui fait bien ce dernier exercice exécute, en une demi-minute environ, tous les mouvements de l'exercice du sabre de l'ordonnance.

La vitesse et la légèreté sont deux choses essentielles qu'il faut savoir donner aux hommes, sans leur permettre cependant d'escamoter les mouvements au profit de la rapidité de l'exécution.

3ᵉ LEÇON.

Récapitulation de tout le travail précédent avec indication seulement.

1ᵉʳ Exercice. — Les trois séries séparées : *parades , coups de pointe* et *coups de sabre.*

2ᵉ Exercice. — Les trois séries dans l'ordre indiqué pour le premier exercice , sans interruption.

3ᵉ Exercice. — Les trois séries sans interruption , en commençant par les coups de pointe.

4ᵉ Exercice. — Les trois séries sans interruption , en commençant par les coups de sabre.

5ᵉ Exercice. — Revenir sur les exercices dont l'exécution laisse à désirer.

Comme règle , chaque mouvement sera exécuté trois fois.

1° Avec indication par temps et mouvements et explication.

2° Avec indication par temps et mouvements.

3° Sans indication, c'est-à-dire au simple commandement d'exécution.

4ᵉ LEÇON.

De même que les suivantes, cette leçon comprend les mouvements composés du sabre ou l'association d'une première action offensive, la deuxième défensive, la troisième offensive et réciproquement ; début de l'assaut.

1ᵉʳ EXERCICE.

En tierce pointez. — Pour la tête parez. — En avant
sabrez.

Commandements.

INDICATION. — EN TIERCE POINTEZ, POUR LA TÊTE
PAREZ ET EN AVANT SABREZ ,

1 temps 5 mouvements.

Exécution. — POINTEZ , PAREZ et SABREZ.

1. A ce commandement le cavalier, partant de la position *en garde*, pointe en tierce et reste dans cette position.

2. Au commandement *deux* , prendre la position *pour la tête parez.*

5. Sabrer en avant et revenir à la position *en garde.*

Répéter cet exercice une deuxième fois au commandement *Pointez, Parez et Sabrez.*

Comme intonation à donner à ce commandement et aux suivants, prendre pour type le commandement :

En tierce Pointez et en avant Sabrez.

(144 École du cavalier à pied).

Il suffit de connaître les commandements prescrits pour le premier exercice de la 4ᵉ leçon, pour en déduire aisément ceux applicables à tous les exercices qui suivent.

2ᵉ EXERCICE.

En quarte pointez. — A droite moulinet. — En avant et
à droite sabrez.

3ᵉ EXERCICE.

A gauche pointez. { Pour la tête / En quarte / Contre infanterie à gauche / A gauche moulinet

Parez et à gauche Sabrez, ou contre infanterie à gauche Sabrez.

Répéter cet exercice de manière à bien faire exécuter au cavalier toutes les parades et coups de sabre qu'il renferme.

4ᵉ EXERCICE.

Contre infanterie à gauche Pointez , Parez et Sabrez.

5ᵉ EXERCICE.

A droite pointez. { Pour la tête / En tierce / Contre infanterie à droite / A droite moulinet

Parez et à droite Sabrez.

L'observation du 3ᵉ exercice est applicable à celui-ci.

6ᵉ EXERCICE.

Contre infanterie à droite Pointez. — Parez et Sabrez.

7ᵉ EXERCICE.

En arrière Pointez. — En arrière Moulinet et en arrière Sabrez.

5ᵉ LEÇON.

—

La même que la précédente, avec cette différence que la première action offensive est un coup de sabre.

1ᵉʳ EXERCICE.

En avant Sabrez. — Pour la tête Parez et en tierce
Pointez.

2ᵉ EXERCICE.

En arrière Sabrez. — En arrière Moulinet et en arrière
Pointez.

3ᵉ EXERCICE.

<table>
<tr><td rowspan="4">A droite Sabrez</td><td>Pour la tête</td><td rowspan="4">Parez et</td><td>A droite</td><td rowspan="4">Pointez.</td></tr>
<tr><td>En tierce</td><td>En quarte</td></tr>
<tr><td>Contre infanterie</td><td>ou contre infanterie</td></tr>
<tr><td>A droite moulinet</td><td>à droite</td></tr>
</table>

4ᵉ EXERCICE.

Contre infanterie à droite Sabrez. — Parez et Pointez.

5ᵉ EXERCICE.

<table>
<tr><td rowspan="4">A gauche
Sabrez</td><td>Pour la tête</td><td rowspan="4">Parez et à gauche
Pointez.</td></tr>
<tr><td>En tierce</td></tr>
<tr><td>Contre infanterie à gauche</td></tr>
<tr><td>A gauche moulinet</td></tr>
</table>

6ᵉ EXERCICE.

Contre infanterie à gauche sabrez. — Parez et pointez.

6ᵉ LEÇON.

—

Tous les exercices commencent par une parade et se
terminent par deux actions offensives qu'on ne saurait
exécuter avec trop de rapidité.

9

1er EXERCICE.

Pour la tête parez { En avant / A droite / Contre infanterie à droite / En arrière }   Sabrez et en tierce pointez.

2e EXERCICE.

En tierce parez. { En quarte . / A droite / Contre infanterie à droite / En arrière }   Pointez et à droite sabrez.

3e EXERCICE.

A droite moulinet. —Contre infanterie à droite parez. — Contre infanterie à droite pointez et sabrez.

4e EXERCICE.

En arrière moulinet. — En arrière pointez et sabrez.

5e EXERCICE.

Pour la tête parez (à gauche). — En tierce pointez (à gauche) et en avant et à gauche sabrez.

6e EXERCICE.

{ A gauche moulinet / Pour la tête / En quarte }   Parez. — A gauche pointez et sabrez.

7e EXERCICE.

Contre infanterie à gauche parez —pointez et sabrez.

7ᵉ LEÇON.

—

Jusqu'à présent les mouvements composés qui précèdent ont eu pour but d'apprendre au cavalier à se défendre contre un seul adversaire dont la position est parfaitement déterminée.

Les exercices qui suivent devront lui apprendre à combiner ses moyens d'attaque et de défense dans le cas où il serait attaqué par deux adversaires, ou qu'il serait surpris et entouré par plusieurs cavaliers.

1ᵉʳ EXERCICE.

Pour obvier à la difficulté d'appliquer des commandements aux divers mouvements qui composent les exercices des 7ᵉ, 8ᵉ et 9ᵉ leçons, l'instructeur, après avoir exécuté lentement le premier exercice, par exemple, fera l'avertissement *attention ;* et au commandement *ensemble,* les cavaliers répéteront tous à la fois l'exercice démontré pratiquement par l'instructeur.

En tierce pointez. — A droite sabrez. — A gauche moulinet, et sans interruption toute la série des parades. — 1ʳᵉ Série. — 1ʳᵉ Leçon.

2ᵉ EXERCICE.

En quarte pointez. — A droite moulinet. — A gauche sabrez.

3ᵉ EXERCICE.

A gauche pointez. — A droite sabrez. — En arrière moulinet.

4ᵉ EXERCICE.

A droite pointez. — A gauche sabrez. — En quarte parez.

5ᵉ EXERCICE.

En arrière pointez. — En arrière moulinet. — A gauche sabrez, et sans interruption toute la série des coups de sabre.

6ᵉ EXERCICE.

Contre infanterie à gauche pointez. — Parez. — A droite sabrez, et toute la série des coups de sabre à partir de ce dernier.

7ᵉ EXERCICE.

Contre infanterie à droite pointez. — Sabrez. — En quarte pointez, et toute la série des coups de pointe sans interruption.

8ᵉ EXERCICE.

Exécution séparée des trois séries de la première leçon.

Exiger de la vitesse et particulièrement le déploiement complet du bras pendant l'exécution.

Toutes les fois que, dans un exercice, les deux actions offensives doivent se succéder, la deuxième doit suivre la première avec une grande rapidité pour ne pas donner à l'adversaire le temps de riposter.

8ᵉ LEÇON.

—

Tous les exercices commencent par une parade.

1ᵉʳ EXERCICE.

A droite moulinet. — Contre infanterie à gauche pointez. — Pour la tête parez, et toute la série des parades sans interruption.

2ᵉ EXERCICE.

A gauche moulinet. — A droite sabrez. — Pour la tête parez, et toute la série des coups de pointe sans interruption.

3ᵉ EXERCICE.

En arrière moulinet. — A gauche sabrez. — A droite pointez.

4ᵉ EXERCICE.

Contre infanterie à droite parez et sabrez. — Contre infanterie à gauche parez et sabrez. — En quarte pointez, et les trois séries de la première leçon en commençant par la 2ᵉ sans interruption.

5ᵉ EXERCICE.

Contre infanterie à gauche parez. — Sabrez. — Parade de prime. — Coup de pointe contre infanterie à gauche et à droite sabrez.

6ᵉ EXERCICE.

Pour la tête parez. — A gauche pointez. — Contre infanterie à droite sabrez.

7ᵉ EXERCICE.

En tierce parez. — A gauche sabrez. — A gauche moulinet, et les trois séries de la première leçon dans l'ordre indiqué sans interruption.

8ᵉ EXERCICE.

En quarte parez. — A droite sabrez. — En tierce pointez, et tout l'exercice du sabre sans interruption, en commençant par la troisième série.

9ᵉ LEÇON.

Tous les exercices commencent par un coup de sabre.

1ᵉʳ EXERCICE.

En avant sabrez. — En tierce pointez. — Contre infanterie à gauche parez, et sans interruption toute la série des parades.

2ᵉ EXERCICE.

En arrière sabrez. — Contre infanterie à droite parez. — Contre infanterie à gauche pointez, et sans interruption toute la série de coups de sabre.

3ᵉ EXERCICE.

A droite sabrez. — A gauche sabrez. — En quarte pointez, et sans interruption toute la série des coups de pointe.

4ᵉ EXERCICE.

Contre infanterie à droite sabrez et parez. — En quarte

pointez. — A gauche moulinet, et tout l'exercice du sabre sans interruption en commençant par la 1re série.

5e EXERCICE.

A gauche sabrez. — A droite sabrez. — Pour la tête parez, et tout l'exercice du sabre en commençant par la 2e série.

6e EXERCICE.

Contre infanterie à gauche sabrez et parez. — A droite sabrez. — En avant sabrez, et tout l'exercice du sabre en commençant par la 3e série.

Ici se termine l'instruction de détail et commence tout naturellement la leçon de l'assaut qui devra se faire d'abord à pied, pour simplifier autant que possible son exécution à cheval.

Les exercices qui précèdent et ceux qui suivent ne pouvant se faire avec les sabres de troupe, vu leur lourdeur, on devra employer des sabres de bois; le matériel de la salle d'armes sera en outre augmenté des objets ci-après-désignés :

1° 24 *Plastrons-cuirasses*, c'est-à-dire rembourrés par devant, par derrière et sur les épaules.

2° 24 *Masques d'espadon*, rembourrés au-dessus de la tête et dans le voisinage des tempes.

3° 24 *paires de Gants de salle*, avec manchettes en cuir jusqu'au coude pour garantir l'avant-bras.

4° 48 *Sabres de bois*.

Huit chevaux par escadron, choisis parmi les plus souples, les plus maniables et doux de caractère, seront désignés pour ce service spécial, et préparés au besoin sous les ordres du capitaine instructeur.

L'assaut sera divisé en cinq leçons. La première, destinée à bien faire comprendre aux hommes le but final de cette instruction et la marche à suivre pour éviter le désordre et les accidents qui pourraient en être la conséquence, sera exécutée à pied de la manière suivante :

1re LEÇON.

Cette leçon sera donnée dans un manège couvert, de préférence, et à son défaut dans une carrière ; elle ne durera pas moins d'une heure et demie.

Les cavaliers seront en veste d'écurie et pantalon de toile.

Le peloton sera divisé en deux fractions de douze, chaque fraction travaillera à son tour pendant vingt minutes à la première reprise et autant à la seconde.

En entrant dans le manège, la première fraction prendra de suite la tenue exigée pour l'assaut ; les cavaliers en faisant partie se placeront aussitôt sur les pistes à main droite ainsi qu'il suit :

Quatre sur chaque grand côté à une distance de dix ou quinze mètres, selon les dimensions du manège, et quatre sur les petits côtés, un dans chaque coin.

Les uns et les autres placeront la main gauche et la main du sabre à la position *En garde* indiquée par l'ordonnance et se tiendront prêts à marcher.

Au commandement *Marche* fait par l'instructeur, les cavaliers se mettent en mouvement au pas accéléré et exécutent, en marchant à main droite, des à-droites, des voltes ou des cercles de manière à se croiser dans l'intérieur du manège, en se laissant mutuellement à droite, et à une distance qui leur permette de faire usage de leur arme en passant les uns à côté des autres.

Si deux cavaliers s'arrêtent pour faire assaut de pied ferme, exiger qu'ils se remettent en mouvement aussitôt que l'un d'eux a été touché deux fois ; il en sera de même si un cavalier se trouve attaqué par deux ou plusieurs adversaires.

C'est à l'instructeur de bien observer ce travail et de punir sévèrement tout cavalier qui se laisserait emporter par un sentiment d'animosité ou de colère.

Après dix minutes de travail à main droite, l'instructeur commande le demi-tour à droite ou à gauche indistinctement. Dès qu'il est exécuté, les cavaliers travaillent et se meuvent en se laissant mutuellement à gauche. Cette nouvelle position des deux adversaires est la plus difficile pour faire usage des armes autant pour l'attaque que pour la défense ; elle serait par cela même la plus dangereuse dans un combat sérieux.

C'est en travaillant à main gauche que les cavaliers prendront l'habitude de la parade de prime pour se garantir des coups de pointe, et de celle pour la tête parez, pour les coups de sabre verticaux.

Ces deux parades, les coups de pointes et les coups de sabre aux rênes ou à la main de la bride, sont les mouvements capitaux de l'escrime du sabre. Il importe surtout de bien les faire connaître aux cavaliers et d'en exiger une application fréquente pendant l'assaut.

La première reprise terminée, l'instructeur indique le demi-tour; les cavaliers s'arrêtent après ce mouvement, saluent du sabre et se retirent.

La deuxième fraction est exercée de la même manière en deux reprises, chacune de vingt minutes.

On devra répéter cette leçon au moins pendant huit jours; et, vers la fin, multiplier les demi-tours pendant l'assaut pour développer la souplesse et l'agilité des hommes travaillant aux deux mains; enfin, pendant les quatre derniers jours cette leçon se fera la première moitié au pas accéléré et la deuxième au pas gymnastique.

Dans l'application à cheval qui va suivre, on devra habituer les cavaliers à exécuter avec célérité les demi-tours à droite et à gauche sur les hanches.

L'instructeur inscrira le résultat de l'assaut de chaque séance et fournira au colonel un rapport destiné à signaler les hommes les plus adroits et ceux qu'il conviendrait de nommer prévôts ou moniteurs. Ils auraient droit, dans ce cas, à une partie des gratifications allouées à la suite des inspections générales.

L'officier chargé de l'escrime du sabre présenterait
tous les ans à l'inspecteur général un peloton par escadron composé des hommes les plus habiles à manier
leurs chevaux et leurs armes.

2e LEÇON.

—

Application à cheval.

Ici commence l'application de l'escrime à cheval qui
n'est, à vrai dire, que la répétition aux trois allures du
travail mentionné dans la première leçon qui précède.

Le peloton sera fractionné et disposé comme il est dit
plus haut ; du reste, toutes les indications et observations
du travail préparatoire à pied sont applicables à l'escrime
à cheval.

La fraction non montée assistera à la leçon pour mettre
à profit les observations faites par l'instructeur. C'est surtout dans cette instruction, comme pour ce qui est du
domaine des arts en général, que la mémoire des yeux
joue un rôle important.

L'exécution d'un fait pratique qui s'est passé sous nos
yeux s'obtient toujours facilement et rapidement malgré
l'insuffisance des développements. Au contraire, quelques
claires et précises que soient des explications, si l'on s'a-
dresse plus à l'intelligence qu'aux yeux dans un art tout
de pratique comme celui qui nous occupe, l'exécution ne
peut manquer de s'en ressentir.

Exécuter au pas, aux deux mains, l'exercice de l'assaut
prescrit à la première leçon, tel est le but de la deuxième.

3ᵉ LEÇON.

—

Même travail exécuté aux deux mains au pas et au trot.

4ᵉ LEÇON.

—

Même travail au pas, au trot et au galop aux deux mains. Les allures du trot et du galop seront plutôt ralenties qu'étendues.

5ᵉ LEÇON.

—

Sauf les changements d'allure qui seront indiqués par l'instructeur, le travail se fera à volonté.

Lorsque cette leçon sera bien comprise dans le manège le peloton sera conduit sur le terrain de manœuvres : les hommes emporteront avec eux le matériel de l'assaut, ils seront tous montés.

L'instructeur tracera un grand carré dans le voisinage des obstacles et fera prendre la tenue de l'assaut à la moitié de son peloton.

Au commandement *Escrime à volonté*, les cavaliers équipés exécuteront le travail indiqué dans la cinquième leçon, l'entremêlant de sauts d'obstacles à volonté, de manière à prendre une égale habitude de la conduite du cheval et du maniement des armes à toutes les allures et dans tous les terrains. Ces deux exercices, qui sont la base de l'instruction du cavalier sont inséparables l'un de l'autre.

On devra exiger que les allures soient modérées surtout le galop ; il ne s'agit point ici d'une épreuve de vîtesse et de fond, mais bien d'une épreuve d'adresse, d'agilité et de sang-froid qui est la meilleure garantie du succès auquel doit prétendre une cavalerie bien instruite.

Dans son ensemble, la mise en pratique du travail que nous venons d'énoncer recevrait une application facile dans les corps sans la question administrative qui s'y rattache ; nous voulons parler de l'augmentation indispensable du matériel des salles d'armes.

Cette question ne peut être, certes, que très-secondaire si la bienveillance éclairée de l'administration de la guerre qui a tant à cœur l'avenir de notre armée, juge ce travail digne de faire progresser l'instruction de la cavalerie qui, comme toutes les autres armes, est entrée dans une voie de progrès heureusement inaugurée par l'adoption du travail individuel.

FIN.

www.ingramcontent.com/pod-product-compliance
Ingram Content Group UK Ltd.
Pitfield, Milton Keynes, MK11 3LW, UK
UKHW020311180726
13839UKWH00001B/435